Python
金融数据分析与数字化营销

[美] **阿特·尤迪恩**（Art Yudin） 著　**周子衿** 译

清华大学出版社
北京

内 容 简 介

本书作者通过个人学习 Python 的亲身经历，总结出一个高效率的 Python 学习方法与途径，来帮助零基础的非专业程序员利用 Python 来进行数据处理和分析以及展开数字化营销。全书共 7 章，第 1 章介绍基础知识，第 2 章介绍如何写脚本，第 3 章重点介绍 Pandas 数据分析，第 4 章介绍 Python 数据抓取，第 5 章介绍数据可视化，第 6 章和第 7 章分别介绍如何运用 Python 来进行金融数据分析和数字化营销。

本书重点突出，详略得当，适合零基础的读者快速运用 Python 来进行数据分析与决策。

北京市版权局著作权合同登记号　图字：01-2022-0255

First published in English under the title
Basic Python for Data Management, Finance, and Marketing：Advance Your Career by Learning the Most Powerful Analytical Tool
by Art Yudin

Copyright © Art Yudin 2021

This edition has been translated and published under licence from APress Media, LLC, part of Springer Nature.

此版本仅限在中华人民共和国境内（不包括中国香港、澳门特别行政区和台湾地区）销售。未经出版者预先书面许可，不得以任何方式复制或传播本书的任何部分。

本书封面贴有清华大学出版社防伪标签，无标签者不得销售。

版权所有，侵权必究。举报：010-62782989，beiqinquan@tup.tsinghua.edu.cn。

图书在版编目（CIP）数据

　Python 金融数据分析与数字化营销 /（美）阿特·尤迪恩 (Art Yudin) 著；周子衿译. —北京：清华大学出版社，2022.7
　书名原文：Basic Python for Data Management, Finance, and Marketing：Advance Your Career by Learning the Most Powerful Analytical Tool
　ISBN 978-7-302-60414-3

　Ⅰ. ①P… Ⅱ. ①阿… ②周… Ⅲ. ①软件工具—程序设计—应用—金融—数据处理 ②软件工具—程序设计—应用—网络营销 Ⅳ. ①F830.41-39 ②F713.365.2-39

中国版本图书馆 CIP 数据核字（2022）第 054441 号

责任编辑：文开琪
封面设计：李　坤
责任校对：周剑云
责任印制：宋　林

出版发行：清华大学出版社
　　网　　址：http://www.tup.com.cn, http://www.wqbook.com
　　地　　址：北京清华大学学研大厦A座　　邮　　编：100084
　　社 总 机：010-83470000　　邮　　购：010-62786544
　　投稿与读者服务：010-62776969, c-service@tup.tsinghua.edu.cn
　　质量反馈：010-62772015, zhiliang@tup.tsinghua.edu.cn

印 装 者：小森印刷霸州有限公司
经　　销：全国新华书店
开　　本：170mm×230mm　　印　　张：15.75　　字　　数：386千字
版　　次：2022年8月第1版　　印　　次：2022年8月第1次印刷
定　　价：89.00元

产品编号：095829-01

前　言

随着数据科学、机器学习以及人工智能的发展，Python 已经成为现在最流行同时也是最有用的语言，掀起了人人学 Python 的热潮。Python 很容易上手和掌握，有助于从业人员实现职业的发展和升迁。到 2020 年年底，Python 作为当年使用率增幅最大的编程语言，位列 Tiob 年度编程语言榜首。2021 年，Python 连续五年位列榜首。

出于工作需要而偶然开始 Python 学习之旅，这样的经历正在成为很多人的常态。作为金融科技工作者，基于商科人士学习 Python 的角度，本书作者介绍了可以满足日常工作需要的 Python 基础知识。读者在掌握这些必知必会的要点之后，即可运用 Python 来进行数据收集、处理和分析等，从而高效地完成日常的工作任务。

总的说来，本书侧重于介绍如何处理数据、分析大数据以及如何从 Excel 等切换到更快、更高效的 Python，旨在通过书中提供的实际案例和循序渐进的指导来帮助读者从萌新成为自信的 Python 达人。

本书重点介绍 Python 如何应用于金融财经数据分析与数字化营销，旨在帮助从业人员更精准地分析数据，更好地进行投资决策和开展营销活动。

本书涉及的主题有基础知识、如何写脚本、Pandas 数据分析、Python 数据抓取、数据可视化以及如何运用 Python 来进行金融数据分析和数字化营销。

书中使用了金融数据来源 Alpha Vantage、工具库 Pandas-Datareader（用于对金融财经数据进行导入和分析）、IEX 交易所的数据、可视化库 Matplotlib（用于可视化天文、地理和科学数据）、软件包 NumPy-Financial 以及 Google Analytics 分析工具等。学习的过程也是一个动态交互和成长的过程，欢迎扫码访问更多资源。

关于技术审阅者

莫妮卡·切斯（Monica CHIS）

　　IT 顾问和培训师。在 IT 行业、研究所和大学工作了二十多年，在不同领域担任过各种职务。她在外部审计和软件开发质量管理方面有着丰富的经验，富有洞察力，擅长于找到解决问题的关键点。

　　莫妮卡先后担任过空中交通管理和电信领域软件项目的质量经理，IT 公司的项目经理和交付经理。她精通多种数据分析方法，对数据挖掘有着深入的研究，还教过统计学课程。作为一个以客户为导向的人，莫妮卡在多元文化竞争环境中有丰富的工作经验。她喜欢和来自不同文化群体的人一起工作。她热爱技术和软件质量保证领域，还致力于推广敏捷方法。她笃信自己能够创造出交付高质量软件产品的简单流程。她对数据挖掘领域也充满了热情。

　　莫妮卡从 2020 年开始成为 SPOR 的培训师，提供软件质量保证方面的培训。

目　　录

第 1 章　开始使用 Python　　001

1.1　安装 Python　　003
1.2　变量和数字类型　　008
1.3　字符串　　013
1.4　你的第一个程序　　016
1.5　用 if，elif 和 else 语句来实现逻辑　　019
1.6　方法　　025
1.7　列表和元组　　029
1.8　索引和切片　　034

第 2 章　自己动手写 Python 脚本　　039

2.1　有限循环　　040
2.2　范围函数 range()　　043
2.3　嵌套的 for 循环　　045
2.4　自定义函数　　047
2.5　构建程序　　051
2.6　无限循环　　057
2.7　字典　　059
2.8　将信息写入文本文件　　064
2.9　从文本文件中读取信息　　067

第 3 章　Pandas 数据分析　　073

3.1　Series 数据结构　　074
3.2　DataFrame 数据结构　　079

3.2.1	构建 DataFrame	079
3.2.2	DataFrame 切片	081
3.2.3	筛选 DataFrame	089
3.3	Pandas 中的逻辑运算	091
3.4	从 CSV 文件中读取数据	097
3.5	合并数据集	108
3.5.1	连接数据集	109
3.5.2	合并 DataFrame	113
3.6	分组函数	114

第 4 章　Python 数据抓取　119

4.1	网页抓取	120
4.2	列表推导式	131
4.3	用 Selenium 进行网页抓取	136
4.4	Selenium	139
4.5	使用 API	152
4.6	工具库 Pandas-Datareader	159

第 5 章　数据可视化　163

5.1	可视化库 Matplotlib	164
5.2	折线图	164
5.3	直方图	170
5.4	散点图	172
5.5	饼状图	178

第 6 章　Python 金融数据分析　181

6.1	NumPy-Financial	182
6.2	用 fv() 函数来计算终值	183
6.3	用 pv() 函数来计算现值	184

6.4	用 npv() 函数来计算净现值	185
6.5	风险价值	190
6.6	蒙特卡洛模拟	199
6.7	有效边界	201
6.8	基本面分析	208
6.9	财务比率	213

第 7 章　Python 数字化营销　　　　　　　215

7.1	开始使用 Google API Client	216
7.2	Twitter 机器人	232
7.3	用 Python 进行电子邮件营销	237

第1章

开始使用 Python

"当你不再改变的时候,人生也就走到了尽头。"

——本杰明·富兰克林

我是在进入人生下半场之后才开始接触编程的。我当时的工作和软件开发不相干。我在上学的时候，也不是什么计算机高手，并且，我甚至还一直觉得写代码并不适合我。投身于金融行业的时候，我特别依赖 Excel，经常需要手动做大量的复制粘贴操作。

我的日常工作事项包括更新预算，并将更新后的版本通过电子邮件发给高层管理人员。后来，我决定把这项任务自动化，于是用谷歌搜索了一些应该能够完成这项工作的脚本。当时，我并没有注意到那是 Python 脚本还是其他的什么代码，反正结果是灾难性的。我的上司们收到了一份空文件，更糟的是，我还彻底删除了这个三年期的预算项目。

由此，我吸取到一个重大的教训，那就是，要想把事情做对，就必须从头到尾地去"盘它"，把它学透。于是，我广泛地了解 Python 在生活中的应用，并很快意识到自动化是大势所趋。如今，Python 就和 Excel 或电子邮件一样，是我们必须掌握的技能。如果在工作中经常和数字打交道，那么肯定能受益于 Python 所提供的生产力和速度。掌握 Python 后，就能编写简单的脚本，甚至构建复杂的应用程序。

和其他编程语言相比，Python 对用户更友好，Python 的语法有很强的逻辑性，而且简单易学。只要方法正确并勤于练习，短短几个月就能学会 Python。我的个人体会是，学编程永远不会太晚。如果有动力把自己的商业技能提高到一个全新的高度，并且需要找到一个突破口的话，那么 Python 绝对不会让你失望。

在学习 Python 时，我遇到一个最大的挑战，许多文章都太专业了，有的甚至语句都不通，就好像作者特别想用一堆专业术语来迷惑我们这些非技术背景出身的人一样，要把我们挡在高科技王国之外。基于此，我决定在征服编程世界多年之后写下这本书并用通俗易懂的语言向从未写过代码的读者解释 Python 到底是怎么一回事。

我知道，有许多人并不打算成为全职的程序员，他们只是想用 Python 来收集、处理和分析数据而已。因此，本书的宗旨是成为一本通俗易懂的实践指南。我的主要目标是带领大家熟悉 Python 编程语言，并向大家展示 Python 的商业应用。

这本书的结构是我根据自己丰富的教学经验来设计的。首先从基础知识开始讲起，然后从简单的概念逐渐过渡到更复杂的应用。第 1 章提出的许多假设和例子在后文中将演化成更高级的案例来讲解如何用 Python 来处理复杂的情况。读完这本书后，大家将清晰地认识到怎样使用 Python 来应对日常的挑战。最重要的是，学完本书之后，大家将能够自己动手写 Python 脚本。

1.1 安装 Python

首先，安装 Python。这个简单的步骤可能会让一些初学者感到不知所措。Python 有许多不同的版本，并且在 MacOS 和 Windows 系统中的安装流程有所不同。为了确保我们不会因为操作系统的不同而进展不一，我决定安装深受广大用户欢迎的 Python 集成环境 Anaconda。

Anaconda 是一个软件包，其中包含最新版本的 Python 和后期会用到的一些 Python 扩展包。市场上还有很多其他 Python 集成环境。但是，Anaconda 是专门为那些希望把所有数据分析工具集中在一处的人设计的。它广受好评，并被誉为"Python 数据科学的发源地"。

Anaconda 的安装过程本身非常简单，所有电脑上都一样。可以在浏览器中搜索"下载 Anaconda Individual Edition"，或者输入 www.anaconda.com/products/individual，然后单击 Download 按钮下载。在网页的底部，可以看到 Anaconda 安装程序的下载链接，如图 1.1 所示。选择 MacOS 或 Windows 的 Graphical Installer（图形安装程序）并下载相应的软件包。在写这本书的时候，Python 的最新版本是 Python 3.9。若是以后更新到 Python 3.10 甚至 Python 4，也不用担心，语法还是一样的。通常，每个版本都有一些小的改进，这些改进不会对本书中要讲解的概念造成影响。

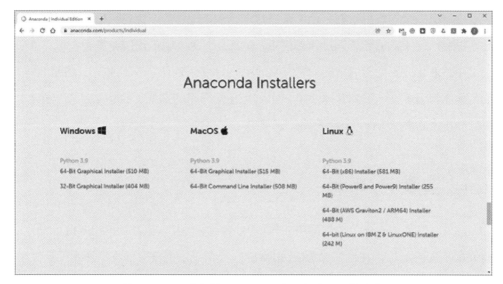

图 1.1 网页底部的 Anaconda 安装程序的下载链接

下载了 Anaconda 之后，默认情况下，安装程序应该会在电脑的"下载"文件夹中。单击下载到本机的安装程序，它将显示安装提示。安装的过程和其他应用程序相差无几。在这个过程中，程序可能会提供安装 PyCharmIDE 的选项。本书不会用到 PyCharm，并且它是可有可无的。如果过程中出现了问题或者需要更详细的安装指导的话，请访问 https://docs.anaconda.com/anaconda/install/。

可以从电脑上的应用目录处启动 Anaconda。如果是 MacOS，可以在"启动台"中找到它；如果是 Windows 操作系统，请打开"开始菜单"，寻找 Anaconda Navigator 的绿色圆圈图标或者在搜索栏中键入 Anaconda，单击 Anaconda Navigator 图标后，应该会看到如图 1.2 所示的导航界面。

Anaconda 导航菜单中包含许多运行 Python 的应用程序：JupyterLab、Jupyter Notebook、Spyder，等等，它们都是运行 Python 的应用程序。本书用的是 Jupyter Notebook，原因很简单，它是其中最为流行的应用程序。从现在开始，我将简称它为 Jupyter。我不会一一讨论所有其他应用程序的优点和缺点，并对它们进行比较。我认为，最好试用一下所有应用程序，从中选择最适合自己的一个。在我看来，它们之间的主要区别在于布局。无论最终选择的是哪一个应用程序，Python 语法都是一样的。

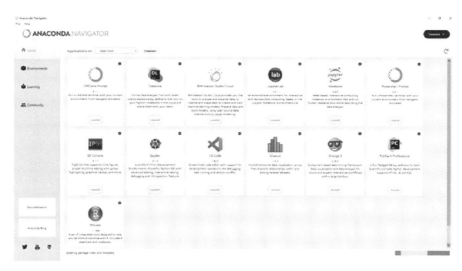

图 1.2　Anaconda 导航界面

开始使用 Jupyter Notebook 的时候，请单击其选项卡底部的 Launch（启动）按钮。Jupyter 将在本地服务器上运行的浏览器中启动，并显示其用户界面。如果你用的是 MacOS，Jupyter 也会启动一个终端或命令提示符窗口。Jupyter 有两部分，分别是用户界面（也就是写代码的地方）以及在本地服务器上运行的内核（Kernel，也就是代码执行的地方）。如果用的是 Windows，那么内核将在后台安静地运行。在 MacOS 上，它会弹出一个终端窗口。后面会进一步讨论内核。

浏览器中会显示计算机的主目录。在浏览器的右上角可以找到 New 按钮。单击 New 按钮，会出现一个下拉菜单，其中包括 Python 3 和其他选项。单击 Python 3，就会新建一个 Jupyter 文件，如图 1.3 所示。

图 1.3　新建的 Jupyter Notebook 文件

Untitled 是默认的文件名。想要更改文件名的话，可以单击 Untitled 并在弹出的文本框中输入新的文件名。除非你设置一个路径来把文件保存在特定文件夹中，否则文件将会被保存到电脑的主目录中，文件扩展名为 .ipynb。Jupyter 有许多了不起的功能，我们将逐一介绍其中的大部分功能。其中一个非常实用的功能是自动保存，每隔三分钟，所有内容都会自动保存。当然，在任何时候都可以通过单击工具栏中的软盘图标（保存按钮）来手动保存你的工作。JupyterNotebook 中的所有操作都可以通过单击工具栏中的选项来完成，也可以通过按下快捷键来完成，单击上方菜单中的 help 或按键盘上的 H 键可以找到某一功能对应的快捷键。

在页面中央，可以看到一个单元格，这就是输入代码的地方。如果需要更多的单元格，可以通过单击工具栏中的 + 号按钮来创建。要想删除单元格的话，可以用剪刀图标的按钮来完成。工具栏中的复制和粘贴按钮的作用与常用的软件相同。

在开始用 Python 编写代码之前，我想先解释一下 Jupyter 的用法。请在上面的单元格中，输入以下 print() 命令：

```
print("Hello")
```

确保 Hello 包含在一对双引号中。现在，单击上方工具栏中的 Run（运行）按钮。紧接着发生了几件事。首先，我们在单元格左边的方括号中看到了 [1] 这个数字；其次，单元格下方打印出了 Hello 字样，如图 1.4 所示。方括号中的数字意味着代码在内核中被执行。每次在单元格中写代码时，都需要运行单元格，以使代码得到执行。每次想运行代码都得挪动鼠标去单击 Run 按钮，是不是觉得有些麻烦呢？这个操作也可以通过快捷键 Shift+Enter 来完成。

如果反复运行这个单元格，会发现每次操作都会得到一个新的数字。数字本身并不重要。它代表着操作的顺序。关键在于，每次更新单元格中的代码后，都需要运行单元格。举个例子，我们将代码更新如下：

```
print("Hello World!")
```

第 1 章　开始使用 Python

图 1.4　运行 Jupyter 单元格时，print() 命令输出 Hello

输出的 Hello 没有被更新，除非再次运行单元格。我要再次运行单元格。就我的情况而言，这是我第二次运行这个单元格。我会看到序列中的下一个数字 [2]，这意味着操作进入了 Python 的内存，并且输出变成"Hello World！"如图 1.5 所示。

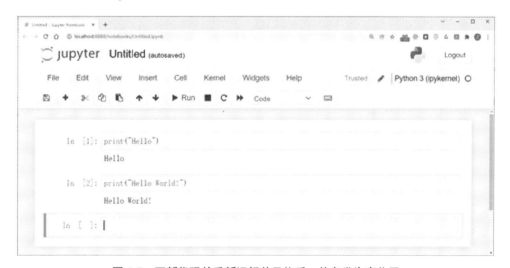

图 1.5　更新代码并重新运行单元格后，信息发生变化了

> **注意**
>
> 单击 Help 并从下拉菜单中选择 Keyboard Shortcuts（键盘快捷方式），可以看到 Jupyter 中所有命令的快捷方式。

必须记住一个重点，写了一条新语句或更新了代码后，就要运行或是重新运行单元格。不用太在意 [ ] 中的数字。另外，文件中的数字不需要和我的文件中的数字一模一样。

这里再讲一下有关内核的事。Jupyter 中的内核执行 Python 代码。它在后台悄悄地工作。选中单元格，有时你可能会看到方括号中有一个星号。这个星号 * 意味着内核正在工作。在庞大的数据集上进行复杂的操作可能需要花上一些时间，这再正常不过了。但是，如果操作很简单，却还是花了很长时间的话，可能是出了什么问题，而且 Jupyter 已经停机了。想清除文件内存并从头开始的话，需要单击上方工具栏中的 Kernel 选项。下拉菜单中会提供 Restart（重新启动服务器）或 Restart & Clear Output（重新启动并清除输出）的选项。如果选择重新启动并清除输出，文件中仍然会有之前的代码，但方括号会被全部清除，这意味着内存中的所有操作都被成功清除了。

前面这些 Jupyter 相关知识已经足以让我们开始编写代码了，其他需要了解的知识会在后文中一边实践一边学习。如果想进一步了解 Jupyter Notebook 应用的信息，强烈推荐访问官网：https://jupyter.org。

1.2 变量和数字类型

你可能知道，计算机有两种类型的内存：一种是长期性的，用于保存文件或作为数据库存储信息；另一种是短期的，也称为"随机存取内存"（RAM），用于计算机运行应用程序。Python 是一种编程语言，是在短期内存中运行的。

在 Python 中，想要存储信息的话，需要使用变量。编程中的变量与我们在学校里做的数学题相似。举个例子，表达式 X + Y 中的 X 和 Y 是变量。它们之所以被称为变量，是因为它们可以是任何东西，可以用来存储任何数值。

Python 也是这样的。如果需要保存一个值以便以后使用，就需要声明一个变量。简单来说，我们需要想一个变量名，并为其赋值。例如，我们可以随意地为变量起名为 x，并用等号来为其赋予 7 的值。在 Jupyter 单元格中，这段代码看起来像下面这样：

```
x = 7
```

输入代码后，别忘了运行单元格。在我的 GitHub（https://github.com/programwithus/Basic-Python-for-Data-Management-Finance-and-Marketing）中可以找到这一章以及其他各个章节的所有代码。现在，来仔细看看这个表达式吧。x 是个随便起的变量名。我们可以给变量起各种各样的名称，比如"香蕉"这个变量名就很不错。变量名完全由我们自己来决定。本章后面将讨论哪种命名方式更好。

不过，命名还是有一些限制的。不能以数字作为变量名的开头。此外，还有一些保留词或关键词是不能使用的。Jupyter 能很好地识别出不能作为变量使用的词，并用绿色粗体的形式将这些词标记出来，比如图 1.5 中的关键词 print，print 是内置命令之一，所以不能作为变量使用。需要牢记的一点是，变量必须在左边，后面跟着一个等号。等号是对变量的定义，也是对一些值的分配。

比如，分配给变量 x 的值为 7，它必须以某种方式存储在 Python 内存中。存储时，值将被存储为某种数据类型。许多 Python 教程将数据类型解释为数据项的分类。当我头一回听到这种解释时，感到非常困惑。我谈一谈我对数据类型的解读。

普普通通的一瓶纯净水，水是值，而塑料瓶是容器。然后，假设你在咖啡店要了一杯水，店员会把同样的纯净水倒进一个玻璃杯里端给你。显然，塑料瓶和玻璃杯之间有很大的区别。比如，塑料瓶有个盖子，不会让水从塑料瓶中洒出来。塑料瓶和玻璃杯是不同类型的容器，但它们盛放的是相同的值——水。我们知道，不同的容器有不同的特点，并适用于不同的场合。我想表达的是，应该根据我们对值的意图来选择合适的容器。在这个例子中，值是水。如果打算销售纯净水，就应该为纯净水选择塑料瓶或铝罐作为容器，并在上面贴上一个醒目的商标。如果是准备开始一段公路旅行，也许应该把水储存在旅行用的马克杯或保温杯里。

数据类型就像是一个容器。应该根据对数据的使用计划来选择合适的数据类型。你可能会问我："对水来说可能是这样，但 7 怎么保存呢？这是个数字啊。"在 Python 中，有三种不同的内置数字数据类型：整数、浮点数和复数。这里，我们将使用整数和浮点数。

整数是没有小数点的数字。例如，7，27，1000000 会被存储为整数，因为这个数字不包含小数点。即使是负数，只要它不包含小数点，就会作为整数存储在内存中。

浮点数是带有小数点的数字。比如 7.5 或 –2.5。应该根据想计算的内容来选择整数还是浮点数类型。如果和钱有关，那么就该使用浮点数。在钱的问题上，人们总是希望精确到每一分钱。与之相反的是人。假设你的任务是把七个人分成两队，那么很明显应该用整数，毕竟不能把人掰成两半儿用。

现在来看看这个概念在实践中是如何运作的。在 x = 7 的下方，再增加一条语句，不要忘了在输入完成后运行单元格：

y = 5.5

x 和 y 都被赋值后，就可以进行数学运算了。表 1.1 列出了所有算术运算符。

x + y

表 1.1　Python 中的算术运算符

运算符	名称	示例	运算符	名称	示例
+	加法	2+2 → 4	/	除法	2/2 → 1
-	减法	5-2 → 3	//	向下取整除法	5//3 → 1
*	乘法	2*2 → 4	%	取模	5%3 → 2

请记住，Python 是区分大小写的，x 和 y 应该是小写的。运行这个单元格时，得到的输出结果会是 12.5，如图 1.6 所示。

```
In [4]: x = 7
        y = 5.5
        x + y
Out[4]: 12.5
```

图 1.6　x+y 表达式的输出

我这次没有用 print() 命令，因为 Jupyter 默认输出的是单元格中最后一次操作的结果。只不过，如果想多次输出这个操作的结果，就需要使用 print() 命令：

print(x + y)

运行单元格时，请确保 print() 命令全部小写。

我们已经研究 print() 命令好一会儿了，是时候学一学其他命令了。很多人说

Python 拥有"内置电池（batteries included）"，因为 Python 包含许多内置命令和模块，这些命令被称为内置函数。函数是用来执行任务的可复用代码块。

在这个网址可以找到内置函数的完整列表：https://docs.python.org/3/library/functions.html，这是 Python 的官方文档。Python 升级到下一个版本时，请确保文档与电脑上运行的版本相匹配。本书中，我们将学习和使用许多内置函数。如果想要认认真真地学习 Python，请收藏官方文档的网页，随时参考。

在前面提到的列表中，可以找到我最喜欢的函数 type()，内置函数 type() 有助于识别一个值的数据类型。我来说明一下在一个单元格中使用一条 Python 语句和在一个单元格中嵌套几条语句之间的区别：如果在一个单独的单元格中运行 type() 函数，那么就不需要用 print() 函数；如果在一个单元格中输入以下两行语句：

```
print(type(x))
print(type(y))
```

就需要用 print() 函数，如图 1.7 所示。

```
In [5]: type(x)
Out[5]: int

In [6]: type(y)
Out[6]: float

In [7]: print(type(x))
        print(type(y))
<class 'int'>
<class 'float'>
```

图 1.7　运行内置函数 type()

可以看出，type(x) 的输出是 int（整数），因为 x 持有的值是整数 7，type(y) 输出的是 float（浮点数），因为 5.5 包含一个小数点。

想用多少个单元格完全取决于你。通常情况下，我会把不同的任务放在不同的单元格中。当任务比较复杂时，这么做会更有条理。

在我看来，type() 函数的作用被严重低估了。有人可能会质疑："type() 这个函数有什么存在的必要？我们能清楚地看到，x 包含的是一个整数。"确实是这样。但在现实生活中，当从互联网上接收以 API（应用程序编程接口）形式传输的数据时（本书后文中将讨论 API），或是从 CSV 文件中获取数据时，你并不知道自己在处理的是什么数据类型。

另外，根据我的经验来看，初学者很容易把数据类型搞混。我的建议是，如果无法确定一个变量的数据类型是什么，就用 type 函数检查一下。

现在来仔细研究 x + y 表达式。假设为了以后使用这个操作的结果，我们想将其保存下来。要想将 12.5 保存到 Python 内存中的话，就需要将表达式 x + y 分配给一个新的变量，随机命名的变量 total 可以保存这个结果。试着在一个新单元格中创建变量吧，如图 1.8 所示。

```
x = 7
y = 5.5
total = x + y
total
```

```
In [8]: x = 7
        y = 5.5
        total = x + y
        total
Out[8]: 12.5
```

图 1.8　保存 x+y 表达式结果的 total 变量

有时候，使用变量名是非常方便的。假设现在要计算一个房间的面积，因此，要用房间的长乘以宽。用 Python 代码可以实现这个公式，如图 1.9 所示。

```
length = 30
width = 25.5
area = length * width
area
```

```
In [8]: length = 30
        width = 25.5
        area = length * width
        area
Out[8]: 765.0
```

图 1.9　计算房间的面积

想再计算其他房间的面积时，只需重新输入长度和宽度的值即可，不用更改 length*width 这个公式。

我们一直给变量命名为 x 和 y，但是在现实生活中，最好使用能够反映变量值用途的变量名。如果一直用 x、y 和 z 作为变量名，很容易造成混乱。比如，当你回顾几个星期之前写的代码时，会很难回想起其中的 x 和 y 变量是干什么的。此外，编程时免不了要和他人合作。如果变量名称能阐明这个变量所持有的信息，那么对所有人而言都会更清楚明白。你可能注意到了，我创造的变量都用的是小写字母。用变量的首字母最好是小写的。有时，为了更好地描述变量的目的，需要用到两个词。这两个词需要用下划线来连接，如 length_room，这种风格的命名法称为"蛇形命名法"。另一个选择是以小写字母开始，然后将第二个单词首字母大写，比如 slengthRoom。这种命名方法称为"骆驼命名法"。无论选择使用哪种命名法，都要始终保持一致，并且永远不要用空格来分隔变量名称中的单词。

1.3 字符串

字符串是 Python 的另一种内置数据类型。任何包含在一堆引号内的字符或字母都将作为字符串被存储在内存中。请回顾一下最初的例子：print("Hello")，其中带引号的 Hello 被 Python 视为字符串。

下面这个例子可以说明 Python 字符串的本质。试着在一个新单元格中使用内置函数 ord()，如图 1.10 所示。

```
ord("a")
ord("A")
```

```
In [9]:  1  ord("a")
Out[9]: 97

In [10]: 1  ord("A")
Out[10]: 65
```

图 1.10 ord 函数为字符返回一个独特的 Unicode（统一码）数字

"A"是字母表中的第一个字母，这个字母对使用拉丁字母的数十亿人而言是有意义的，但如果有人给你看一个你从未见过的外文字母呢？你肯定会说："我不知道这个字符是什么意思。"计算机也是如此。计算机并不知道字符的含义，它们以数字的形式存储字符串，如果你看一下文本在后台的样子，会看到一串数字。在图1.10中，ord()函数为"A"字符返回Unicode整数97，为"a"字符返回65。ord()代表顺序（order），它的作用是返回字符在ASCII码中的序号。很明显，97和65迥然不同。这证明了Python是区分大小写的。

Unicode为每种语言中的每个字符设定了统一且惟一的二进制编码。若是感兴趣的话，可以访问以下网址查看Unicode字符表：https://unicode-table.com/en。

在日常生活中，很少需要用到ord()函数，而且无需去记忆所有Unicode。我想表明的重点是，字符串是一连串的字符。计算机并不关心字符串有着什么含义。当人类看到苹果这个词时，他们知道这是一种水果。但计算机只会将字符作为一个整数序列存储在内存中。

这样引号中的数字"7"并不代表一个数值，而是另一个字符。对"7"运行ord()函数试试看。

```
ord("7")
```

结果将是55，代表Unicode表中的字符7。也就是说，这样带引号的"7"不能用于算术运算，因为它会被存储为一个字符串。

虽然"7"看起来像一个数字，但实际上并不是Python的数字类型。

我举几个例子来说明整数、浮点数和字符串的区别吧。试着在单元格中把"7"与一个整数相加，如图1.11所示。

```
7 + "7"
```

图1.11 作为整数的7不能与作为字符串的"7"相加

运行7+"7"后，会得到一条错误信息。我想先暂停一下，谈谈错误信息的存在有何意义。

我知道，收到错误信息可能会让人有点沮丧。但不妨换个角度想想。Python 的错误信息是用来帮助我们的。得到错误信息时，首先，查看绿色箭头所指向的代码，那就是发生问题的地方。其次，仔细阅读信息，Python 准确地指出了问题所在。一开始可能会觉得错误信息有些难以解读，但随着经验的增长，你会理解错误信息的类型以及如何去修复错误。

在如图 1.11 所示的例子中，Python 表达的意思是，不同的数据类型不能混合，一个字符串不可能和一个整数相加。从字面上理解，它的意思是，不要在整数和字符串之间使用加号。

这个问题可以用几种办法来解决，比如我们可以试着将一种数据类型转换为另一种。"7"这个字符串的引号内是个数字，因此可以用内置函数 int() 将其转换为数字数据类型，但如果引号内的是字母或其他字符的话，这种办法就行不通了。

```
7 + int("7")
```

在图 1.12 中，可以看到字符串"7"被转换成了一个整数。整数 7 加上整数 7，就得到了 14。但如果字符串是字母或其他字符的话，就无法被转换为数字类型了。

```
In [12]:   1  7 + int("7")
Out[12]:  14
```

图 1.12　用 int() 函数将字符串转换为整数

另一种办法是利用 float() 函数将"7"转换为浮点数，试着输入以下语句：

```
7 + float("7")
```

如图 1.13 所以，这次得到的输出是 14.0，这是整数 7 加与浮点数相加的结果。最后，字符串"7"被转换成了浮点数 7.0。在像 7 + 7.0 这样的算术运算中，浮点数永远占上风，返回的结果总是浮点数。

```
In [13]:   1  7 + float("7")
Out[13]:  14.0
```

图 1.13　float() 函数将字符串转换为浮点数

除了以上两种办法以外，还可以采取另一个解决方案：利用内置函数 str() 将整数转换成字符串。

```
str(7) + "7"
```

在图 1.14 中可以看到，现在一个字符串已经和另一个字符串连接或者说连接到了一起，整数 7 被转换成了字符串，最终得到一个新的字符串"77"。

```
In [14]:    1  str(7) + "7"
Out[14]:  '77'
```

图 1.14 用 str() 函数将整数转换成字符串

这三个例子幕后的主要观点是，根据所应用的数据类型的区别，同样的加法运算符会带来不同的结果。数据类型的行为是不同的。换句话说，每个数据类型都有自己的特点。这很合乎情理，因为我们知道塑料瓶和杯子是两种不同的容器，它们有各自特定的表示。

请牢记这些例子。数据类型的行为是个非常重要的主题。后文将接触更高级的对象并了解其特性。

1.4 你的第一个程序

我想，目前学到的内容已经足以让我们开始编写第一个程序了。我很喜欢实用的案例，有什么能比税金和小费计算器更实用的呢？假设我们一起出去吃了个饭，饭后，服务员将账单递了过来，为了简单起见，假设这张账单的金额是 50 美元。我们的任务是用 Python 来计算税金和小费，并算出最终要付多少钱。纽约市的销售税是 8.875%，为了让数字小而简单，我们就省去小数点后的数字，将销售税算为 8%，小费就算作 18%，有了所有输入后，就可以开始编写代码了。

```
check = 50
tax_rate = 0.08
tip_rate = 0.18
```

定义了已知值的变量后，就可以计算出小费和税金的数额[①]。由于之后要用到税金和小费，最好将表达式赋给相应的变量：

```
tax = check * tax_rate
tip = check * tip_rate
```

注意，就算以后的账单金额不同，也无需修改这个公式。最后要做的是将税金和小费与账单金额相加并输出数值：

```
total = check + tax + tip
print("Your total is $", total)
```

希望你得到的结果和图 1.15 中我得到的 63.0 一样。print() 函数中的逗号创造了打印 total（总额）的空间，另外，逗号还分隔了字符串和浮点数。print() 函数中传递了两个参数：Your total is $（总额是 $）和 total。之后，我会介绍 format 方法来打印格式优美的字符串。若是出于某种原因，你看到了这样的错误信息：NameError: name is not defined（变量未定义），请检查变量的拼写，确保它们前后一致。

```
In [15]:  1  check = 50
          2
          3  tax_rate = 0.08
          4  tip_rate = 0.18
          5
          6  tax = check * tax_rate
          7  tip = check * tip_rate
          8  total = check + tax + tip
          9  print("Your total is $", total)
          Your total is $ 63.0
```

图 1.15　税金和小费计算器

现在，你可能想知道怎样才能让这个计算器更加通用，可以输入任何数额的账单。为了接收来自用户的数值，需要用到 input() 内置函数。input() 函数有两个作用：输出我们想传递给用户的信息以及将提示输入一个数值。我要把之前的代码中的 50 替换成 input() 函数，并在圆括号内输入想传达给用户的信息。信息是个可选项，但能够很好地指引用户。

```
check = input("How much is the meal?")
```

[①] 我知道还可以用其他方法来计算税金和小费，但是在这里，我想尽可能一步一步地来。

> **注意**
> 输入数字后，需要按下键盘上的 Enter 键，不要选择运行，不然的话，程序会一直等待你的回应，并在单元格旁边显示 [*]。如果发生这种情况，请按照前面提到的方法重新启动内核。

如果这样运行单元格的话，input() 会提示输入一个值。假设输入 60，程序会抛出一个如图 1.16 所示的错误。编程中至关重要的一环就是调试自己的代码，现在，我将做个调试代码的示范。首先看看错误信息："can't multiply sequence by non-int of type 'float'"，这和前文中的另一个错误信息差不多，Python 告诉我们不能用字符串乘以浮点数。显然，input() 函数将任何值都作为字符串返回，哪怕输入的值是个数字。input() 函数的官方描述是这样的："将值转换为字符串"[2]。假设我们没有完全理解这一点，也没有读过官方文档，那就需要逐行查看代码，找到问题。

```
In [16]:  1  check = input("How much is the meal? ")
          2
          3  tax_rate = 0.08
          4  tip_rate = 0.18
          5
          6  tax = check * tax_rate
          7  tip = check * tip_rate
          8  total = check + tax + tip
          9  print("Your total is $", total)

How much is the meal? 60
---------------------------------------------------------------------------
TypeError                                 Traceback (most recent c
all last)
~\AppData\Local\Temp/ipykernel_22140/15164195.py in <module>
      4 tip_rate = 0.18
      5
----> 6 tax = check * tax_rate
      7 tip = check * tip_rate
      8 total = check + tax + tip

TypeError: can't multiply sequence by non-int of type 'float'
```

图 1.16　错误信息

我将在 check 变量下面放一个 print() 语句来检查 check 的值和它的数据类型。

```
print(check, type(check))
```

得到的结果表明，值是 60，数据类型是字符串。现在真相大白，我们不能用字

---

② https://docs.python.org/3/library/functions.html#input

符串乘以浮点数。为了解决这个问题,我将插入一条新语句,用于将输入的值转换为浮点数。同时,我还要再运行一次 type 函数,以确保这个值的数据类型已经变成了数值(numeric),如图 1.17 所示。

```
check = float(check)
print(check, type(check))
```

成功地将用户的输入值转换为浮点数后,我们的税金和小费计算器就可以正常工作了。图 1.17 中的第 2 行和第 4 行的 print 语句之后就可以删去了。它们只是用来发现并修复错误的。

```
In [17]:  1  check = input("How much is the meal? ")
          2  print(check, type(check))
          3  check = float(check)
          4  print(check, type(check))
          5  tax_rate = 0.08
          6  tip_rate = 0.18
          7
          8  tax = check * tax_rate
          9  tip = check * tip_rate
         10  total = check + tax + tip
         11  print("Your total is $", total)

How much is the meal? 60
60 <class 'str'>
60.0 <class 'float'>
Your total is $ 75.6
```

图 1.17 能接收用户输入的数值的税金和小费计算器

1.5 用 if,elif 和 else 语句来实现逻辑

如果希望在 Python 中实现逻辑,就需要用到 if、elif 和 else 语句。在开始谈论它们之前,我想先介绍一下布尔数据类型(Boolean data type)。Python 中有两个布尔值,分别是 True 和 False。True 和 Falas 作为关键字时需要首字母大写。如果求 2 * 2 == 4 这条语句的值,会返回 True。同理,求语句 2 * 2==5 的值则会返回 False。这里,我先来解释一下双等号运算符 == 的含义。

当为变量赋值时(例如 x = 7),用到的是单等号,因为这是在定义变量。双等号是一个比较运算符,想比较数值的时候,就需要用到双等号运算符 ==。在表 1.2 中可以找到更多比较运算符。

表 1.2 Python 中的比较运算符

运算符	名称	示例
==	等于	2 == 2
!=	不等于	5!=2
>	大于	5 > 2
<	小于	2 < 5
⩾	大于等于	5 ⩾ 2
⩽	小于等于	2 ⩽ 5

先从 if 语句开始说起。if 语句对表达式进行评估，如果结果是 True，那么一些条件就会被执行。举个天气情况的例子来说明一下，假设外面在下雨时，我们想让程序提醒我们不要忘记带伞，这种情况下，可以编写以下 Python 代码：

```
weather = "rainy"
if weather == "rainy":
print("Take an umbrella")
```

if 条件对 weather == "rainy" 进行评估。为了得到 True，weather 变量的值必须与 "rainy" 字符串相同。对 Python 来说，"rainy" 是一个字符序列。计算机逐个字符地比较这些值，如果 weather 变量的值和 "rainy" 完全匹配，也就是说，所有的字母都一模一样，并且都是小写的，那么这个条件才会返回 True。

你可能已经注意到了，if 语句后面有一个冒号。简单来说，Python 的语法就是这样的，必须学着这么做。if, elif 和 else 语句的末尾都应该有一个冒号。我喜欢把这个冒号看作是一个动作触发器——如果条件为真，就做某些事情。

一条经验法则是，冒号后面的所有语句都应该缩进。缩进在 Python 中非常重要，它是我们把语句绑定在一起的方式，我们可以说 print("Take an umbrella") 语句是在 if 语句的作用域（scope）内。下一章将会更深入地讨论有关作用域的知识。

Python 官方文档建议使用四个空格来缩进，然而，像 Jupyter 这样的应用程序提供了另一个选择：用键盘上的 Tab 键来缩进。编程的主要规则是始终保持一致，在同一个文件中，不能混用空格和制表符这两种缩进方法。喜欢哪个就可以用哪个，但如果选择使用制表符，就要一直使用制表符；要是选择了使用空格缩进，就得一直用空格。我经常看到的一个错误是，人们从互联网上复制别人的代码并将其粘贴到自己的文件中时，很容易出现缩进方式不一致的错误，因为复制的代码可能使用制表符缩进，而自己的代码用的是空格缩进。总而言之，永远不要在一个文件中混用制表符和空格。

可以试着在 Jupyter 中输入前文中的代码，输出结果应该是 Take an umbrella，如图 1.18 所示。

```
In [18]:  1  weather = "rainy"
          2  if weather == "rainy":
          3      print("Take an umbrella")
Take an umbrella
```

图 1.18　if 语句输出 Take an umbrella 信息，因为 weather == "rainy" 返回的是 True

为了让代码更通用，可以用 input() 函数替换 "rainy"：

```
weather = input("How is the weather?")
```

运行代码，在 input 函数提示 How is the weather（天气如何）？之后，输入除了 rainy 以外的内容，不要忘记按 Enter 键。语句会被评估，但这次会返回 False，而且不会输出出任何内容。

if 语句后面可以衔接 else 语句。请注意，if 语句完全可以独立存在。然而，在大部分情况下，需要对更多状况进行处理。

现在，在天气脚本中加入一条 else 语句：

```
weather = input("How is the weather? ")
if weather == "rainy":
    print("Take an umbrella ")
else:
    print("Have a nice day")
```

由于 else 语句捕捉了可能从用户那里得到的任何其他内容，所以无需再加新的条件语句，else 语句后面紧跟着一个冒号。新手常犯的一个错误是试图往 else 后面塞一些条件语句，这样做完全没有意义。在图 1.19 中，可以看到当用户输入"windy（大风天）"时，程序做出了什么反应。由于没有检查"windy"的条件语句，所以 else 语句捕捉了它，并输出结果"Have a nice day"。请记住，我们的代码没有进行数据验证。

如果用户出于某些原因输入了一些乱七八糟的东西，else 语句还是会被触发，并执行其后的代码。

```
In [19]:  1  weather = input("How is the weather?")
          2  if weather == "rainy":
          3      print("Take an umbrella ")
          4  else:
          5      print("Have a nice day")
How is the weather?windy
Have a nice day
```

图 1.19　else 语句执行后打印出"Have a nice day"信息

如果除了"rainy"以外还想添加更多条件语句，该怎么办呢？这种情况下，就要用 elif 关键字为所有其他条件打头。elif 是"else if"的意思，应该在 if 语句之后使用。可以像下面这样添加附加条件：

```
weather = input("How is the weather?")
if weather == "rainy":
    print("Take an umbrella")
elif weather == "sunny":
    print("Do not forget your sunglasses")
else:
    print("Have a nice day")
```

必须记住的一点是，始终以 if 语句打头，然后再用 elif 语句。如果需要，用一千条 elif 语句都可以。照着这种模式，还可以再添加一个 elif 条件来扩展天气的选项，以防暴风雪来临：

```
weather = input("How is the weather?")
if weather == "rainy":
    print("Take an umbrella")
elif weather == "sunny":
    print("Do not forget your sunglasses")
else:
    print("Have a nice day")
elif weather == "blizzard":
    print("Stay home")
else:
    print("Have a nice day")
```

运行代码，测试一下各种条件，如图 1.20 所示。

```
In [20]:  1  weather = input("How is the weather? ")
          2  if weather == "rainy":
          3      print("Take an umbrella ")
          4  elif weather == "sunny":
          5      print("Do not forget your sunglasses")
          6  elif weather == "blizzard":
          7      print("Stay home")
          8  else:
          9      print("Have a nice day")
How is the weather? sunny
Do not forget your sunglasses
```

图 1.20　由"sunny"（晴天）条件触发的 elif

初学者的一个常见错误就是只用 if 语句，不用 elif 语句。在某些情况下，这样做可能行得通，但我想说明一下为什么必须要用 elif 语句。

假设我不小心使用了 if 语句而不是 elif 语句来处理"sunny"条件，用户如果输入了"rainy"，我们会看到什么信息呢？你可能认为会显示"Take an umbrella"信息，确实如此，但除此之外还会看到"Have a nice day"，如图 1.21 所示。为什么会这样呢？原因在于，Python 把 if 语句看作是一组新选项的开始，并在 if 检查是否满足"sunny"条件后，执行 else 下面的语句。如果只想得到一个结果，就必须使用 elif 语句。

换句话说，每当 Python 读取一条 if 语句时，它就把 if 语句当作一个单独的条件语句或一个新的决策集，因此，如果想列出数个选项，并且只期望得到一个结果的话，在 if 语句后面衔接 elif 语句至关重要。

```
In [21]:  1  weather = input("How is the weather? ")
          2  if weather == "rainy":
          3      print("Take an umbrella ")
          4  if weather == "sunny":
          5      print("Do not forget your sunglasses")
          6  elif weather == "blizzard":
          7      print("Stay home")
          8  else:
          9      print("Have a nice day")
How is the weather? rainy
Take an umbrella
Have a nice day
```

图 1.21　构建决策结构的错误示范

我猜，你现在肯定很好奇，要是用户输入首字母大写的"Rainy"，怎么办？就目前的代码结构而言，"Rainy"会被 else 语句捕捉，这非我所愿。为他人写代码时，我们需要事无巨细地考虑到所有可能发生的情况。解决这个问题的办法之一是使用逻辑运算符，如表 1.3 所示。在本书中，我们将尝试所有的操作，先从 or 开始。

表 1.3 Python 中的逻辑运算符

运算符	描述
and	两个条件都为真
or	至少一个条件为真
not	如果一个条件不为真
in	如果在指定序列中找到某个值
not in	如果在指定序列中没有找到某个值

我们可以扩展 if 语句，使用 or 运算符给用户提供更多种输入天气的方式。现在，在代码中加入以大写字母开头的"Rainy"：

```
if weather == "rainy" or weather == "Rainy":
    print("Take an umbrella")
```

关键是要记住一点，需要在 or 后面列出整个条件，需要再次使用 weather 变量。if 语句不是只在满足 weather =="rainy" or "Rainy"语句中的两个条件的情况下才工作。只要其中一个条件返回 True，if 语句就会被触发。其实，还有个更好的方法能确保输入的值和条件相匹配，我会在后文中展开来讲。现在的例子展示了 or 运算符的使用方式。

和 or 运算符不同，and 运算符要求满足两个条件。在程序中增加一个问题，探索一下 and 运算符的使用方法。创建一个持有"summer"或"winter"等值的 season 变量：

```
season = input("What season are we in ? " )
```

添加一条 elif 语句，该语句要求两个条件为 True。

```
elif weather == "cold" and season == "winter":
    print("Dress warmly" )
```

只有当两个条件都得到满足并返回 True 时，才会看到"Dress warmly"（多穿点）这样的信息，如图 1.22 所示。

```
In [22]: 1  weather = input("How is the weather? ")
         2  season = input("What season are we in ? ")
         3  if weather == "rainy" or weather == "Rainy":
         4      print("Take an umbrella ")
         5  elif weather == "cold" and season == "winter":
         6      print("Dress warmly ")
         7  elif weather == "sunny":
         8      print("Do not forget your sunglasses")
         9  elif weather == "blizzard":
         10     print("Stay home")
         11 else:
         12     print("Have a nice day")
How is the weather? cold
What season are we in ? winter
Dress warmly
```

图 1.22　如果两个条件都满足并返回 True，则触发 elif 语句

1.6　方法

Python 是一种面向对象的编程语言。面向对象编程（OOP）是一种程序设计方法，它背后的主旨是将相关联的属性和行为绑定到单个对象。简而言之，Python 中的所有东西都是一个对象。在之前有关纯净水容器的例子中，我们简单提到过对象的行为。

当声明变量 season ＝ "summer"时，"summer"就作为一个对象存储在 Python 的内存中。因为它前后有引号，所以它被封装成字符串，而 summer 只是字符串的实例。以后如果想的话，可以用"winter"代替"summer"，"winter"将是另一个字符串的实例。因为"summer"和"winter"都是字符串的实例，所以它们的行为会很相似，并共享相同属性。

有一个命令可以显示对象的所有内置方法：dir() 命令。和函数一样，方法也负责执行任务，两者的主要区别在于，方法属于一个对象。我们会频繁用到 dir()。当程序变得越来越复杂时，你会发现 dir() 函数真的是无可替代的。每当不知道如何在 Python 中做某件事时，我都会先从 dir() 函数入手。假设我们需要把"summer"转换成大写的"SUMMER"，如果不知道该怎么办，就先从 dir() 函数开始。在对象上运

行 dir()，就这个例子而言，是在 summer 上运行 dir()。可以选择把 summer 这个实例作为参数传入 dir() 函数，也可以把持有这个实例的变量名称传入 dir() 函数。毕竟，"summer"是字符串的实例。

```
season = "summer"
dir("summer")
or
dir(season)
or
dir(str)
```

图 1.23 中的内容看起来密密麻麻的，这是一个字符串对象中所有内置方法或命令的列表。

```
In [23]:  1  season = "summer"
          2  print(dir("summer"))
```

['__add__', '__class__', '__contains__', '__delattr__', '__dir__', '__doc__', '__eq__', '__format__', '__ge__', '__getattribute__', '__getitem__', '__getnewargs__', '__gt__', '__hash__', '__init__', '__init_subclass__', '__iter__', '__le__', '__len__', '__lt__', '__mod__', '__mul__', '__ne__', '__new__', '__reduce__', '__reduce_ex__', '__repr__', '__rmod__', '__rmul__', '__setattr__', '__sizeof__', '__str__', '__subclasshook__', 'capitalize', 'casefold', 'center', 'count', 'encode', 'endswith', 'expandtabs', 'find', 'format', 'format_map', 'index', 'isalnum', 'isalpha', 'isascii', 'isdecimal', 'isdigit', 'isidentifier', 'islower', 'isnumeric', 'isprintable', 'isspace', 'istitle', 'isupper', 'join', 'ljust', 'lower', 'lstrip', 'maketrans', 'partition', 'removeprefix', 'removesuffix', 'replace', 'rfind', 'rindex', 'rjust', 'rpartition', 'rsplit', 'rstrip', 'split', 'splitlines', 'startswith', 'strip', 'swapcase', 'title', 'translate', 'upper', 'zfill']

图 1.23　字符串方法

通常，当你想对一个对象做什么时，就可以用 dir() 函数检查它的所有方法。列表的前半部分包含许多 Dunder 方法（也称魔术方法[③]），Dunder 是 "double underscores"（双下划线）的简称，所有魔术方法的名字前后都有双下划线。魔术方法是 Python 自己使用的，举个例子，当对 "winter" 调用函数 len() 时，会使用 __len__() 魔术方法。与此类似，如果把两个字符串连接起来，加法运算符就会调用 __add__() 方法，如图 1.24 所示。寻找想用的方法时，大多数情况下，都可以直接忽略魔术方法。

[③]　译注：在 Python 中，所有以双下划线包起来的方法都称为魔术方法（magic method），是一种特殊类型的方法，不需要调用就可以自行执行。

```
In [24]:  1  len("winter")
Out[24]: 6

In [25]:  1  "winter".__len__()
Out[25]: 6

In [26]:  1  "winter" + "summer"
Out[26]: 'wintersummer'

In [27]:  1  "winter".__add__("summer")
Out[27]: 'wintersummer'
```

图 1.24　作为 __len__() 和 __add__() 方法的装饰器的 len() 函数和加法运算符

差不多浏览完所有的字符串方法时，我们看到了 upper() 方法，它在字符串方法列表中的倒数第二位，upper() 方法的名称很好地说明了它的用途。对象的方法中还有许多我们完全不知道该怎么用的方法。

```
help("winter".upper)
或
help(season.upper)
或
help(str.upper)
```

如果想查看这些方法的定义，请使用 help() 函数，如图 1.25 所示。顺便提一下，help() 函数是通用的，也可以应用在其他函数上，比如 help(len)。

```
In [28]:  1  help(season.upper)
Help on built-in function upper:

upper() method of builtins.str instance
    Return a copy of the string converted to uppercase.
```

图 1.25　help() 函数返回 upper() 方法的定义

从定义中可以看到，upper() 方法的作用是返回一个被转换为大写字母的字符串副本。后文中将会解释为什么 upper() 方法返回的是一个副本。方法是对象本身的内置命令，因而需要用下面的方式使用它们：

```
season.upper()
```

　或

```
"winter".upper()
```

每个对象中的方法都不是完全一样的。如果对整数或浮点数运行 dir() 函数，就不会在其方法列表中看到 upper() 方法。这很合理，因为只有小写字母才能被转换为大写字母。

初学者经常会问："什么时候该使用像 len("winter") 一样将对象作为参数传递的函数，什么时候该使用需要在对象后面加上句号后输入的方法？"答案非常简单，对对象运行 dir()，如果你要找的东西在显示出来的列表中，那么它就是一个方法，应该在句号后输入，比如：

```
"winter".lower()
```

相反，如果它不在列表中，那么就不能将其作为方法运行。把错误的方法应用到对象上是一个屡见不鲜的失误，这种情况下，Python 会给出一条错误信息 [type] object has no attribute [name of method]（[类型] 对象没有 [方法名称] 属性）。在这个问题上，人们常常重蹈覆辙。相信我，根本没必要记住一个对象的所有方法，因为 Python 和它的扩展是定期更新的，所以基本上也不可能完全记住，你要做的就是善用 dir() 去查看对象的所有可用方法。

在前面有关 if 和 else 的例子中，我们利用了 or 逻辑运算符来处理用户输入大写单词的情况。现在，有了 lower() 方法后，就可以将任何传入的字符串转换为小写字母，再也不用担心用户会在不同的地方使用大写字母，输入像 suNNy 这样奇怪的东西了。在图 1.26 中，可以看到用户输入了全部大写的 BLIZZARD，并在第 3 行代码中被转换成了小写字母。

```
In [29]:  1  weather = input("How is the weather? ")
          2  season = input("What season are we in ? ")
          3  weather = weather.lower()
          4  if weather == "rainy" or weather == "Rainy":
          5      print("Take an umbrella ")
          6  elif weather == "cold" and season == "winter":
          7      print("Dress warmly")
          8  elif weather == "sunny":
          9      print("Do not forget your sunglasses")
         10  elif weather == "blizzard":
         11      print("Stay home")
         12  else:
         13      print("Have a nice day")

How is the weather? BLIZZARD
What season are we in ? Winter
Stay home
```

图 1.26　lower 函数将输入的单词转换为小写字符串

1.7 列表和元组

目前为止,我们已经学习了有关整数、浮点数和字符串类型的知识,接下来要探索的是列表和元组。我们先从最流行的数据结构(列表)开始讲起,数据结构是项目或元素的某种集合。大多数时候,数据结构包含其他基本类型,比如整数或浮点数。理解数据结构的最简单的方法就是将其比作容器。

列表是一个用逗号分隔的项目的容器,列表中的项目没有数量上的限制,惟一的限制取决于计算机的内存。

我通常会举一个箱子的例子来解释列表:箱子是个容器,你可以把东西放到里面。之后如果需要的话,可以从箱子里把东西取出来。如果想初始化列表的话,需要把方括号分配给变量。回到箱子的例子上,定义一个 box 变量并为其分配一对空的方括号:

```
box = []
type(box)
```

可以把这个操作看作是拿出一个准备用来存放物品的空箱子。运行 type(box) 函数以确认 box 变量中包含列表对象。

如果需要向一个列表对象添加许多数字的话,该怎么做呢?一个选择是用浏览器,不过,最好的办法是看看列表本身有哪些方法。还记得之前用到过的 dir() 函数吗?运行 dir(),并将包含列表对象的变量传给函数:

```
dir(box)
```

列表对象的方法(图 1.27)和字符串或其他数据结构截然不同。

我们的目标是将数字逐个添加到列表对象中。仔细查看列表的方法,可以发现其中有两条命令看起来可以用来向列表中添加数据。这两条命令是图 1.27 中的 append() 和 insert()。想知道它们之间的区别以及使用方法的话,请运行 help() 函数:

```
help(box.append)
```

或

```
help(box.insert)
```

['_add_', '_class_', '_class_getitem_', '_contains_', '_delattr_', '_delitem_', '_dir_', '_doc_', '_eq_', '_format_', '_ge_', '_getattribute_', '_getitem_', '_gt_', '_hash_', '_iadd_', '_imul_', '_init_', '_init_subclass_', '_iter_', '_le_', '_len_', '_lt_', '_mul_', '_ne_', '_new_', '_reduce_', '_reduce_ex_', '_repr_', '_reversed_', '_rmul_', '_setattr_', '_setitem_', '_sizeof_', '_str_', '_subclasshook_', 'append', 'clear', 'copy', 'count', 'extend', 'index', 'insert', 'pop', 'remove', 'reverse', 'sort']dir(box)['_add_', '_class_', '_class_getitem_', '_contains_', '_delattr_', '_delitem_', '_dir_', '_doc_', '_eq_', '_format_', '_ge_', '_getattribute_', '_getitem_', '_gt_', '_hash_', '_iadd_', '_imul_', '_init_', '_init_subclass_', '_iter_', '_le_', '_len_', '_lt_', '_mul_', '_ne_', '_new_', '_reduce_', '_reduce_ex_', '_repr_', '_reversed_', '_rmul_', '_setattr_', '_setitem_', '_sizeof_', '_str_', '_subclasshook_', 'append', 'clear', 'copy', 'count', 'extend', 'index', 'insert', 'pop', 'remove', 'reverse', 'sort']

图 1.27 列表方法

两者主要的区别在于：append() 方法将项目追加到列表的末尾，而 insert() 方法不仅需要项目，还需要以索引形式提供的位置。本章的后面部分才会详细介绍索引，因此，现在要用 append() 方法。试着在单元格里向列表中追加一些数字：

```
box.append(70)
box.append(30)
box.append(50)
box.append(10)
box.append(20)
```

请记住，每次运行单元格后，被附加到列表中的数字都是相同的。只有再次运行这个单元格，才能看到 box 列表中包含我追加的所有数字，并以逗号分隔，如图 1.28 所示。

```
In [30]: 1  box = []
         2  type(box)
         3  dir(box)
         4
         5  box.append(70)
         6  box.append(30)
         7  box.append(50)
         8  box.append(10)
         9  box.append(20)
        10  box

Out[30]: [70, 30, 50, 10, 20]
```

图 1.28 数字列表

希望这个比喻能有助于你理解列表对象的原理。现在是时候给出列表数据结构的正式定义了：列表是一种顺序数据结构（sequential container），可以按升序或降序排列。它是一个用途广泛的容器,可以向列表中添加项目,也可以从列表中删除项目。关于列表数据结构,我想说明的重点是,列表不仅仅是用来存储数据的。

存储数据有很多种方式,比如通过文件存储,比如把数据写入数据库。但是选择使用列表存储数据,通常是因为想再接着对容器中的项目做一些事情。例如,为了给数字排序,我打算初始化一个列表,并向其中添加数字。可以利用内置方法 sort() 进行排序,如图 1.29 所示:

```
box.sort()
box
```

```
In [31]:  1  box.sort()
          2  box
Out[31]: [10, 20, 30, 50, 70]
```

图 1.29 以升序排序的列表

列表数据结构是就地被排序的,也就是说,排序是在对象本身中进行的,这就是为什么不需要将 box.sort() 操作分配给一个变量。列表具有"可变性"(mutability),可变性是编程中的一个非常重要的概念,它意味着对象能否被改变。列表是可变的,并且我们可以用 append() 方法来添加更多的项目,或者用 remove() 方法去掉其中不再需要的项目:

```
box.append(800)
box.remove(10)
box
```

此项操作为列表中添加了 800,并将 10 从列表中删除了,如图 1.30 所示。

```
In [32]:  1  box.append(800)
          2  box.remove(10)
          3  box
Out[32]: [20, 30, 50, 70, 800]
```

图 1.30 在列表中添加了 800,并删除了 10

和列表相反,元组是不可变的,也就是说,它不能更改。现在,用圆括号创建一个元组:

```
t = (1,2,3,4,5)
type(t)
```

对 t 运行 type() 函数，可以看到我们现在正处理的是一个元组。元组类似于列表，它也是一个有序的数据结构，可以容纳由逗号分隔的元素。不过，如果运行 dir(t) 的话，你就会发现除了魔术方法之外，我们能使用的只有另外两个方法：count() 方法和 index() 方法。列表和元组之间主要的不同之处就是可变性。重申一下，列表是可变的，而元组是不可变的。

有时，在课堂上，我的学生会问："真的有必要深入研究可变性这样的编程概念吗？我们只是想学习使用 Python 而已。"答案是非常有必要。尤其是在处理庞大的数据集时，可变性显得尤为重要。不可变的对象往往比可变的对象运行得更快。可以把列表和元组数据结构看作是一个打开的箱子和一个密封的箱子。对于打开的箱子而言，你可以往里面放更多东西，也可以从中拿出一些东西。因此，之后想查看打开的箱子里的东西时，可能需要花上一些时间。但如果箱子是密封的，就没必要浪费时间去检查。密封的箱子上面有个标签，写明了里面包含什么。因为它是密封的，所以里面不会再有新的项目了。

Python 必知必会

有必要深入可变性这样的编程概念，尤其是在处理庞大的数据集时。

怎样选择合适的数据结构呢？显然，如果我们是在讨论纸盒和塑料盒的话，你肯定会根据盒子的属性来决定哪个更合适用在编程中其实也差不多是这样。请让我用一个简单的例子来证明这一点：假设我们需要写一个从用户那里读取一个字母的程序，如果用户输入 a、e、i、o 或 u，程序就打印"This letter is a vowel"（这个字母是元音）；如果用户输入字母表中的其他任何字母，程序就输出："This letter is a consonant"（这个字母是辅音）。为了简单起见，暂且假设 y 总是辅音。

我们很快想到的一种方法是用 or 运算符把所有可能的条件串起来，如以下代码所示：

```
letter = input("Give me a letter ")
if letter=="a" or letter=="e" or letter=="i" or letter=="o" or letter=="u":
   print("This letter is a vowel ")
```

这个用到了数个 or 运算符的解决方案是可行的，但并不是最高效的解决方案。我们还可以把所有元音放到一个列表中，并使用表 1.3 中的 in 运算符：

```
letter = input("Give me a letter ")
if letter in ["a","e","i","o","u"]:
   print("This letter is a vowel")
```

这个解决方案看起来整洁多了。但是，元音字母是固定不变的，我们可以在以上解决方案的基础上，把列表替换成不可变的元组：

```
letter = input("Give me a letter ")
if letter in ("a","e","i","o","u"):
   print("This letter is a vowel")
```

当然，一个只包含五个元素的元组并不会明显提高程序的运行速度，如图 1.31 所示。尽管如此，任何元组都比列表快，列表和元组中包含的条目如果超过 10 000 个，就可以看出区别了。

```
In [33]:  1  letter = input("Give me a letter ")
          2  if letter in ("a","e","i","o","u"):
          3      print("This letter is a vowel")
          4  else:
          5      print("This letter is a constant")
Give me a letter a
This letter is a vowel
```

图 1.31 检查字母是元音还是辅音的程序

在开始写代码之前，要好好想一想："是否需要增加或删除一些东西？"如果答案是肯定的，那么就用列表。如果答案是否定的，就可以使用元组。另外，通过 tuple() 内置函数，可以将列表结构转换为元组。反之亦然，通过 list() 函数可以将元组对象转换为列表。本书的后面部分中，将会用到这些函数。

本书会经常用到列表和元组，随着学习的深入，还会探讨列表和元组的其他特性。

1.8 索引和切片

列表和元组是元素的有序集合，也就是说，它们按顺序保存项目。列表或元组中的每个项目都可以通过其索引来访问。为了更形象地理解这个概念，请想象有一栋公寓楼，房客 Mark 住在 1 号公寓，他的邻居 John 住在 2 号公寓，Mcwy 住在 3 号公寓，等等。如果我想给 Mark 寄一封信，就需要在地址中写上他的公寓房号，这封信能被送到 Mark 手上，因为他住在 1 号公寓。后来，Mark 搬去了另一栋楼，我的信到的迟了，就会被送到目前住在 1 号公寓的另一个房客那里。重点是，无论住在公寓里的是谁，我们都可以通过公寓号码联系到这个人，而每栋楼都有 1、2、3 号公寓。这就是为什么有时当地企业会把传单寄给 1 号或 2 号公寓的"当前居民"，希望无论住在公寓里的是谁，都能成为企业的客户。

我们可以把前面的例子可以翻译成 Python 的语言。创建 building 变量存储的列表，其中包含楼房居民的名字：

```
building = ["Mark", "John", "Mary"]
```

一个需要牢记的重点是，在 Python 中，计数是从零开始的。列表、元组或字符串的第一个元素的索引值总是为零。想查看谁住在第一个"公寓"的话，要通过索引 0 来获取：

```
building[0]
```

building[0] 语句会得到"Mark"。同理，building[1] 会得到"John"，building[2] 会得到"Mary"，如图 1.32 所示。

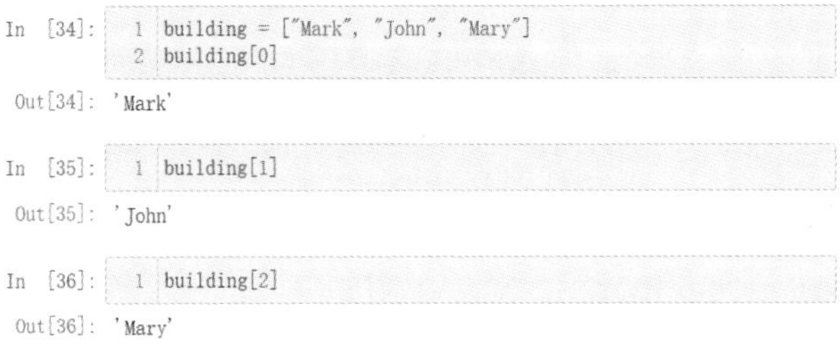

```
In [34]:  1  building = ["Mark", "John", "Mary"]
          2  building[0]
Out[34]: 'Mark'

In [35]:  1  building[1]
Out[35]: 'John'

In [36]:  1  building[2]
Out[36]: 'Mary'
```

图 1.32　通过索引从列表中获取元素

重申一下，无论首个元素是什么，都可以通过索引 0 来获取它。还记得前文中曾提到过的 insert() 方法吗？它需要一个索引来向列表中添加元素。利用 insert() 方法，可以在特定的位置添加新元素。现在，试着在列表的开头插入"Jackson"：

```
building.insert(0, "Jackson")
```

这个操作之后，列表中的第一个元素变成了"Jackson"（如图 1.33 所示）。

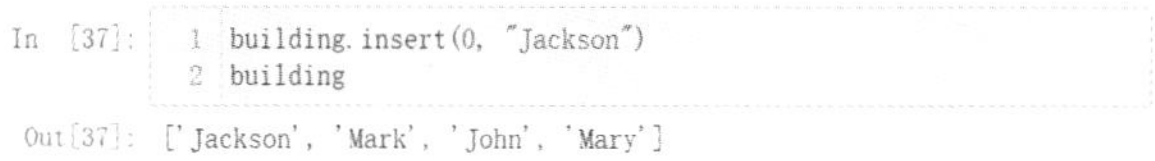

```
In [37]:  1  building.insert(0, "Jackson")
          2  building
Out[37]: ['Jackson', 'Mark', 'John', 'Mary']
```

图 1.33　insert() 方法根据索引添加一个元素

如果我让你从列表中获取最后一个元素，你可能会去数总共有多少个元素，并将最后一个元素的索引值传入方括号，像这样：

```
building[3]
```

尽管 building[3] 得到了正确的输出结果："Mary"，但大多数时候，你肯定不会想挨个去数有多少个元素的。一个列表可以容纳无数个元素，根本难以计数。Python 中，索引的一条铁律是：序列中的第一个元素的索引为 0，而序列中的最后一个元素的索引为 -1。利用这个逻辑，我们可以用索引 -1 来访问最后一个元素：

```
building[-1]
```

building[-1] 再次得到"Mary"。在图 1.34 中可以看到，通过输入负索引，可以从右向左的顺序获取元素。

```
In [38]:  1  building[-1]
Out[38]: 'Mary'

In [39]:  1  building[-2]
Out[39]: 'John'

In [40]:  1  building[-3]
Out[40]: 'Mark'
```

图 1.34　负索引将从右向左获取元素。

记住这个语法的最简单的方法就是与方向进行联想。如果想从右到左地读取数据，就应该使用从 -1 开始的负索引。

索引的概念也可以应用于字符串。字符串中的所有字符都有一个索引。现在，试着通过索引 0 获取"apple"的第一个字符：

```
word = "apple"
word[0]
```

我们已经掌握了如何利用索引一次获取一个元素或字符，如果想获取两个或更多元素的话，该怎么办呢？要用到的语法很简单，只需提供开头和末尾的字符位置的索引即可：

```
object[ start_index : stop_index ] 。
```

举个例子，如果想从"apple"中获取"pp"这两个字母，就要给出第一个"p"的索引（也就是 1），以及第二个"p"的索引加 1（也就是 2+1）。我知道，这听起来有点令人困惑。请记住，在 Python 中，停止点（stop point）总是被排除在外，因此，需要在切片得到的子串（sliced substring）的最后一个字符的索引上加 1：

```
word[ 1:3 ]
```

以上语句将返回切片子串："pp"。从逻辑上讲，如果想把"le"这最后的两个字符切片的话，应该把代码写成 word[3:5]。"e"的索引是 4，但由于停止点会被排除在外，我们需要使用 5。这样做本身是没有问题的，word[3:5] 可以得到"le"。然而，只含有五个字母的单词"apple"中并没有索引 5，需要像这样略去停止索引：

```
word[3: ]
```

这个语句意味着从索引 3，也就是字母"l"开始，获取所有剩余的字符，不管有几个。如果想从起始索引开始，获取序列中的所有字符，完全可以直接将停止索引省略。

事实上，在切片中还有藏得更深的索引：步长（step），步长索引表示你想在序列中以怎样的间隔移动。默认情况下，步长索引是 1，如果想返回字符串中的每个字符或列表中的每个元素，就不需要进行修改。

```
object[ start : stop : step ]
```

像这样使用默认的步长索引：

```
word[0 : : 1]
```

以上代码会原封不动地返回整个字符串："apple"。"0"意味着从第一个字符开始，然后挨个获取字母，略去中间的停止索引意味着不在任何位置停止，而是获取所有字符，不论有多少个。

想要跳过一个字符的话，可以用 2 作为步长索引。word[0 : : 2]语句将返回"ape"，这条语句从索引为 0 的元素开始，每隔 2 个元素就获取第 2 个元素。

步长索引可以是负数。如果要把整个单词倒过来的话，步长索引就是 -1：

```
word[-1 : : -1]
```

第一个负索引 -1 代表着从最后一个字符"e"开始，步长索引 -1 表示要从右向左地获取所有字符。前文中举出的方向比喻现在更有意义了。坦白来说，这种情况下没必要输入起始索引，因为负步长索引会逆转起始和终止的默认值。但是如果负起始索引可以帮你一开始就逆转字符串和列表的话，当然可以输入它。试着输入负步长索引：

```
word[ : : -1]
```

得到的结果将是"elppa"。

如果希望熟练掌握切片的话，我推荐你做一个非常简单的练习，在新的单元格中，将一个字符串定义为一连串字母，比如：

```
string = "AaBbCcDdEe"
```

然后尝试获取从"A"开始的所有大写字母：

```
string[ 0 : : 2]
```

起始索引 0 的意味着从第一个字母"A"开始。步长索引 2 意味着每隔两个元素就获取第 2 个元素。因为我们想获取所有大写字母，并且不知道字符串中有多少个字符，所以可以把终止索引留空。

还可以尝试倒着获取所有小写字母："edcba"。这种情况下，需要用 -2 作为步长索引。理所当然地，起始索引应该是 -1：

```
string[ -1 : : -2]
```

经常有人问我："切片有什么实际用途呢？"相信我，你会经常需要切片或逆转一些东西的。比如，在以下这个根据邮编绘制客户地图的案例中，切片可以起到极大的帮助。

有家公司有着非常庞大的客户群，现在，公司想知道客户都集中在哪些地区。为了解决这个问题，他们打算从数据库中获取所有客户的地址，每个地址看起来都差不多是这样的格式：

```
address = "29 E Madison St., Chicago, IL, 60602"
```

按地区对客户进行分组时，无需使用街道的完整地址，只需要邮政编码就足够了。从上面的地址可以看出，邮编是地址最后面的五个字符。因此，可以用 -5 作为起始索引来把邮编切片出来：

```
address[-5 : : ]
```

作为练习，请试着从这个地址中将城市和所在州进行切片。请记住，在 Python 中，空格也算作一个字符，也有索引。

第 2 章

自己动手写 Python 脚本

第 1 章介绍了 Python 的所有基础知识。本章将探索一些基础的控制流语句，并学习程序的构造方法。本章将研究如何使用 for 循环和 while 循环，并编写自定义函数。此外，我们还将认识一个举足轻重的 Python 数据结构"字典"（dictionary）。

在本章中，我们还将解决一些乐趣无穷且有益的挑战。接下来将进行的练习将会演示如何用 Python 操控数据。无论身处哪个领域，这都是一项不可或缺的技能。

2.1　有限循环

有限循环（definite loop），也就是 for 循环，在所有编程语言中都非常重要。我们经常遇到需要反复做同一件事的情况。举个例子，我们要向朋友们发送圣诞贺卡。问候语应该是个性化的，比如"{在此处填写朋友的名字}，圣诞快乐！"除了名字以外，为每个朋友输出的信息都差不多。

接下来看看如何实现。首先要做的是编写包含名字的列表。在节假日，列出想问候的好友的名单是一件稀松平常的事情。如果用 Python 来执行这个任务，会是这样的：

```
friends = ["Mary", "Paul", "John"]
```

现在需要遍历这个列表，逐个抓取名字。

```
for name in friends:
    print( "Merry Christmas", name)
```

如图 2.1 所示，使用 for 关键字进行遍历：

```
In [1]:  1  friends = ["Mary", "Paul", "John"]
         2
         3  for name in friends:
         4      print( "Merry Christmas", name)
Merry Christmas Mary
Merry Christmas Paul
Merry Christmas John
```

图 2.1　在好友列表中遍历的 for 循环

我想逐步讲解这个例子。先从剖析 for 循环开始讲起。for 是一个关键字，在 Jupyter 中会突出显示。如果想重复执行某项任务的话，需要先输入 for 关键字。for 的后面需要输入变量。在我的课上，学生们经常会问："Python 是怎么知道这是在处理好友名字的？"实际上，"name"是一个变量，可以用任何其他占位符代替。试着在图 2.1 的第 3 行和第 4 行用"banana"替换"name"，会得到完全相同的输出。许多 Python 教程都喜欢用字母"i"（代表 item）作为 for 循环中的变量。想用什么变量完全取决于你。in 是个操作符，同样用绿色高亮显示，它指向下一个序列。简单来说，我们想这么做：

```
for variable in sequence:
do something to variable
```

程序浏览项目列表，并逐个地用每个值来定义变量。在问候语的例子中，程序从列表中逐个抓取一位朋友的名字，并将其分配给 name 变量，如图 2.2 所示。这就是在幕后发生的事情。

```
In [2]:  1  friends = ["Mary", "Paul", "John"]
         2
         3  for name in friends:
         4      print( "name =", name)
name = Mary
name = Paul
name = John
```

图 2.2　name 变量由列表中的每个值来定义

正如有限循环这个名称所表明的那样，for 循环语句的迭代次数和序列中元素的数量相同。因为 print() 函数在 for 循环语句的作用域内，所以在每次迭代中，print() 函数都会执行。

在迭代的同时，可以对这些值进行任何操作。比如，可以插入一个字符串方法 format() 来使输出更加美观。format() 方法的作用是把 name 变量的值放入大括号中。利用这个方法，可以避免在 print() 函数中使用太多逗号，从而使代码更为简洁：

```
for name in friends:
print("Merry Christmas {}! and Happy New Year!".format(name))
```

在许多情况下，for 循环语句需要和 if，elif 或 else 结合使用。将我们的练习扩展一下，如果 Paul 在列表中，就打印"Please give me a call"（请给我打电话）这样的信息。为了检查列表中的每个值是否是"Paul"，if 语句必须在 for 循环的范围内。它将测试每个值，如果 Paul 在列表中，if 条件就返回 True。这时，if 语句作用域内的另一个 print() 函数就会被触发执行，如图 2.3 所示。

```
In [3]: 1  friends = ["Mary", "Paul", "John"]
        2  for name in friends:
        3      print("Merry Christmas {}! and Happy New Year!".format(name))
        4      if name == "Paul":
        5          print("{}, Please give me a call".format(name))
```

```
Merry Christmas Mary! and Happy New Year!
Merry Christmas Paul! and Happy New Year!
Paul, Please give me a call
Merry Christmas John! and Happy New Year!
```

图 2.3　在遍历列表时使用 if 语句

对于初学者而言，for 循环和 if 语句的作用域是最难理解的部分。当 for 循环迭代时，在其作用域内的所有语句都会被执行，如图 2.4 所示。

图 2.4　for 循环和 if 语句的设计模式

还有一个例子可以解释 for 循环：遍历数字列表，同时对其进行筛选。一开始的列表可能看起来是这样的：

```
alist = [1, 5, 2, 5, 3, 5, 4, 5, 6, 5, 7]
```

我们的任务是识别数字 5 并将其添加到另一个列表中。所以，先初始化一个新的列表：

```
blist = [ ]
```

如果感到无从着手的话，可以试着从逻辑上把任务分解成几个步骤。首先从列表中抓取每个数字。for 循环应该可以在这里派上用场。然后将每个数字与 5 进行比较。让计算机知道我们在寻找 5 这个数字。如果在某一刻，比较的结果为 True，就用 append() 方法将这个数字添加到列表中。以上所有步骤都可以转化为代码：

```
for number in alist:
    if number == 5:
        blist.append(number)
```

第 2 章　自己动手写 Python 脚本

以上代码会返回包含多个 5 的 blist，如图 2.5 所示。在图 2.5 的第 6 行，append() 函数缩进并被置于 if 语句的作用域之内。缩进是 Python 语法中极其重要的一部分，必须严格遵循 for 循环和 if 语句的设计模式，如图 2.4 所示。

```
In [4]:  1  alist = [1, 5, 2, 5, 3, 5, 4, 5, 6, 5, 7]
         2  blist = [ ]
         3
         4  for number in alist:
         5      if number == 5:
         6          blist.append(number)
         7  blist
Out[4]: [5, 5, 5, 5, 5]
```

图 2.5　筛选 alist 并向 blist 中添加 5

2.2　范围函数

范围函数 range() 是一种内置函数，它负责生成数字序列。要使用它，我们需要指定一个起始数（从哪个数字开始）、一个终止数（在哪个数字停止）以及一个步长（特定间隔），如图 2.6 所示。终止数是 range() 函数惟一一个必须填写的参数。所以，至少要给出终止数。默认情况下，起始数是 0，步长是 1。虽然 range() 函数的参数（起始、终止和步长）看起来与切片表示法很像，但实际上毫不相干。

图 2.6　范围函数 range() 函数的参数

大多数情况下，range() 函数是与 for 循环一起使用的。举例来说，如果想建立一个从 1 到 5 的数字范围的话，可以这样写：

```
for i in range(1,6):
    print(i)
```

输出的是 1 到 5 这几个数字，终止数被排除在外，如图 2.7 所示。因为没有指定步长，所以步长是默认值 1。

```
In [5]:  1  for i in range(1,6):
         2      print(i)
1
2
3
4
5
```

图 2.7　range() 函数生成从 1 到 5 的数字

到目前为止，内容都很容易理解。要是想以降序生成同样的范围的话，该怎么做呢？那么就需要将起始数设为 5。不能将停止数设为 1，不然就无法在序列中看到它了。因此，要将终止数设为 0。为了以降序排列，需要将 -1 设为步长，如图 2.8 所示。

```
In [6]:  1  for i in range(5,0,-1):
         2      print(i)
5
4
3
2
1
```

图 2.8　range() 函数按照从 5 到 1 的降序生成数字

range() 函数在现实生活中有什么用途呢？在通常情况下，range() 函数是用来生成索引的。可以通过索引访问序列中的项目，记得吗？让我们回到第 1 章的例子：

```
word = "apple"
word[0]
word[1]
word[2]
word[3]
word[4]
```

利用索引语法，我们通过输入索引获取字母。但总是手动输入这些索引的话，难免太费时费力了。如果能为任意长度的单词都自动生成索引，会省很多事。有了 len() 函数的帮助，就可以得到任何序列中条目或字符的数量了：

```
len(word)
```

apple 字符串中有五个字符。len() 函数总是返回一个整数。这个整数可以作为 range() 函数的终止数。以此为参数，函数 range() 就可以生成从 0 到终止数的任何单词的字母序列。我们可以将 len(word) 用作 range() 的终止参数。

i 变量将会代表每个字母的索引。索引可以用来访问一个字母，例如 word[0]。在图 2.9 中，可以看到 range() 函数生成了从 0 到 4 的数字序列，这就是为什么要把终止数设置为 5 的原因。接着，程序会把每个数字放入方括号中，从字符串中逐个获取字母。

```
In [7]:  1  word = "apple"
         2
         3  for i in range(len(word)):
         4      print(i,word[i])
0 a
1 p
2 p
3 l
4 e
```

图 2.9 range() 函数生成的数字可以作为索引使用

很多时候，都需要获得序列中的某个值的位置，因而需要知道每个值的索引。举个例子，如果想替换一个值或对一个值进行一些处理，肯定得先知道这个值的存储位置。

2.3 嵌套的 for 循环

为了理解嵌套的 for 循环，最好用它来创建一个乘法口诀表。我们都知道乘法口诀表是什么样的。概念很简单：有两组数字，从一个集合中取出一个数字，然后用其乘以另一个集合的数字。一组从 1 到 10 的数字可以通过 range() 函数创建。从 1 到 10 的数字序列应该输出到同一行中。你可能已经注意到，每次在 for 循环语句中使用 print() 函数时，它会把每一项输出到新的一行上。运行 help() 函数，即可看到该函数的所有关键字参数：

```
help(print)
```

print() 函数有一个默认参数：end='\n'。'\n' 意味着一个新行。每次执行 print() 函数时，它都会在打印的文本后添加 \n 字符，切换到新的一行。如果用 'ZZ' 代替 '\n' 的话，print() 函数就会在每条语句的末尾打印 ZZ。为了创造出乘法口诀表，需要横向打印 1 到 10，这可以通过编写以下代码来完成：

```
for i in range(1,11):
    print( i, end='')
```

接着，还需要另一组 1 到 10 的数字。这一次用 j 作为变量：

```
for j in range(1,11):
    print( j, end='')
```

请注意，这两个 for 循环能返回 20 个数字。第一个 for 循环迭代并打印出 10 个数字。第二个 for 循环亦如此。我们可以把第二个 for 循环移到第一个 for 循环的范围内。这样的话，外层 for 循环的每次迭代都会得到 10 个 j 变量。接着，删去第一条 print 语句，并在 print() 函数中用 i 变量乘以 j 变量：

```
for i in range(1,11):
    for j in range(1,11):
        print( i*j, end='')
```

这样嵌套 for 循环后，就能打印出 100 个数字。这里，需要注意的一点是，生成 100 个操作比生成 20 个操作花的时间更长。嵌套的 for 循环显著增加了程序的复杂性。换句话说，代码运行变得更慢。

请不要误会，我的意思并不是永远都不应该使用嵌套循环。在乘法口诀表这样的情况下，必须使用嵌套循环。我想让你明白的是，如果能找到不使用嵌套循环的解决方案，程序会运行得更快。

在修饰乘法口诀表之前，还需要在最后再加一条 print 语句。虽然这个 print 语句是在第二个 for 循环的后面，但它存在于外层 for 循环的作用域内。这意味着最后一条 print 语句将随着外层 for 循环的迭代一起执行。print 语句的作用是要求在每组数字后面加上换行符。临时在 print() 函数中放入其他一些的内容，比如 "ZZ" 的话，可能更容易理解这条 print 语句的作用：

```
for i in range(1,11):'
    for j in range(1,11):
```

```
    print(i*j, end=' ')
print('ZZ')
```

这样做有助于了解最后一个 print 语句到底有什么作用，以及它执行了多少次。添加这条 print 语句后返回的结果看起来和乘法口诀表更相似了。最后，可以用 format() 方法对乘法口诀表进行修饰。format() 方法将在数字之间均匀地留出 4 个空格。就像前文中提到的那样，format() 方法将数值插入大括号中。在传递数值的同时对其进行格式化。在这个例子中，大括号中的 ":4" 意味着数字之间会生成 4 个空格：

```
for i in range(1,11):
    for j in range(1,11):
        print("{:4}".format(i*j), end=' ' )
    print()
```

在图 2.10 中，可以看到最终结果。本节中的乘法口诀表练习很好地诠释了嵌套 for 循环的概念。外层的 for 循环每次迭代时，内层的 for 循环都会迭代 n 次。下次考虑是否要用嵌套的 for 循环时，请想一想这个乘法口诀表练习，并权衡一下代码的运行时间是否过长。

```
In [8]:  1  for i in range(1,11):
         2      for j in range(1,11):
         3          print("{:4}".format(i*j), end=' ' )
         4      print()
```

1	2	3	4	5	6	7	8	9	10
2	4	6	8	10	12	14	16	18	20
3	6	9	12	15	18	21	24	27	30
4	8	12	16	20	24	28	32	36	40
5	10	15	20	25	30	35	40	45	50
6	12	18	24	30	36	42	48	54	60
7	14	21	28	35	42	49	56	63	70
8	16	24	32	40	48	56	64	72	80
9	18	27	36	45	54	63	72	81	90
10	20	30	40	50	60	70	80	90	100

图 2.10 乘法口诀表

2.4 自定义函数

到目前为止，我们一直用的是 Python 的内置函数，但其实我们完全可以自定义函数。在开始编写代码之前，先来了解一下 Python 中的函数。函数是可复用的代码块，这里的重点在于"可复用"。有一个编程原则是，不要写重复的代码（DRY 全称为 Don't repeat yourself）①。如果想反复做某件事，就将其封装成函数。

每个函数都应该为一个目的执行一项任务。不要把整个程序都写成一个又臭又长的函数，而是要把代码分解成多个函数，每个步骤或工作都是一个单独的函数。程序将由多个函数和代码块组成，可以轻而易举地对它们进行替换或修改。此外，有些函数可能会被其他程序使用。把函数从一个模块导入到另一个模块中，这是很常见的做法。

现在，试着编写一个简单的函数来将两个数字相加吧。先输入 def 关键字（代表"定义"），然后为函数起个名字。想起什么名字都可以，但函数的名字最好能够反映其意图。在函数名之后，还要跟一对括号以及冒号：

```
def add():
```

在冒号之后的语句需要缩进。所有缩进的语句都将被限制在函数的作用域内。接着要做的是在函数中定义 a 和 b 这两个变量，并分别为它们分配 5 和 6 的值。请注意，变量 a 和 b 是"局部"定义的，也就是在函数内部定义的：

```
def add():
    a = 5
    b = 6
```

如果试图在函数之外使用它们的话，Python 会显示一条错误信息，表示 a 和 b 未被定义，如图 2.11 所示。也就是说，只能在定义 a 和 b 的函数中使用它们。

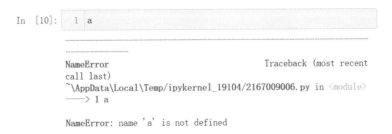

图 2.11　a 变量在函数中被局部定义

---

① 译注：类似的代码要进行封装，以减少代码的冗余。还有一层含义是不要重复造轮子。除了 DRY，还有其他良好的编程原则：取个好名字、想好了再写、写注释、写单元测试、做好版本管理、多读好的代码，等等。

第 2 章 自己动手写 Python 脚本

这个简单的函数会将 a 和 b 相加，结果保存到 total 变量中。目前为止，我们一直在用 print 函数来查看操作结果。我们需要看到结果才知道发生了什么，计算机则不需要这么做，因为这些函数会如期返回结果。返回语句是函数中的最后一条语句。返回语句会让代码停止，所以在它之后就不做任何事。如果需要用 print() 函数来查看结果的话，就得把它放到返回语句前面：

```
def add():
    a = 5
    b = 6
    total = a + b
    return total
```

如果对单元格运行 add() 函数的单元格，你会发现什么也不会发生。只不过，这一次 add() 函数存储在 Python 的内存池中。要使用这个函数，就需要先调用它：

```
add()
```

如图 2.12 所示，被调用的 add() 函数返回了 11 作为结果。

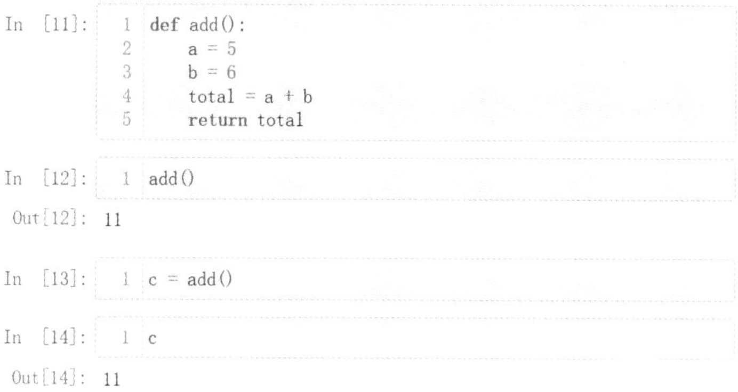

```
In [11]:  1  def add():
          2      a = 5
          3      b = 6
          4      total = a + b
          5      return total

In [12]:  1  add()
Out[12]: 11

In [13]:  1  c = add()

In [14]:  1  c
Out[14]: 11
```

图 2.12 add() 函数返回 11

想要保存返回结果的话，需要将该函数分配给一个变量。在图 2.12 中， add() 函数的结果被保存到 c 变量中。

为了让函数更具有普适性，可以把 a 和 b 定义为参数。只需要把 a 和 b 放入函数名称后面的圆括号中并用逗号隔开即可，如以下代码所示：

```
def add(a,b):
```

现在，函数还需要用于生成结果的任意两个参数。如果在没有传入两个参数的情况下调用函数，python 会显示错误信息。

最重要的是，函数接受参数并返回结果。这是一段可复用的代码，能被反复调用，如图 2.13 所示。根据代码的意图来进行封装，这是个良好的实践。把代码结构化为一组函数，使其看上去更加整洁。

```
In [15]:   1  def add(a,b):
           2      total = a + b
           3      return total

In [16]:   1  add(5,6)
Out[16]:  11

In [17]:   1  add(7,8)
Out[17]:  15

In [18]:   1  add(2,5)
Out[18]:  7
```

图 2.13　add() 函数返回的结果

如果你是和团队一起工作，那么其他人肯定会用到你的函数，所以要为函数添加描述。描述也被称为"文档字符串"。在函数定义的下一行使用三个单引号或一个双引号，然后写出这个函数的作用。描述不应该过长。没必要详细解释函数是怎样工作的，简要概述其意图即可。另外，描述中还可以注明计算要用到的数值。

```
'''
Return the sum of two numbers
'''
```

可以使用 help() 函数来读取函数中的文档字符串，如图 2.14 所示。

```
In [20]:   1  help(add)

Help on function add in module __main__:

add(a, b)
    Return the sum of two numbers
```

图 2.14　用 help() 函数来读取文档字符串

2.5 构建程序

现在，是时候将前面所学的一切知识付诸实践了。本节中，我们将构建世界上最古老的文字游戏之一：Pig Latin。进行这个练习主要目的是学习如何处理数据以及如何构建代码。

Pig Latin 的游戏规则非常简单：让用户任意输入一个单词，如果单词以元音开头，那么就要在词尾加上 yay。举个例子，apple 会变成 appleyay。但如果单词以辅音开头，就要删去这个单词中出现的第一个元音之前的所有辅音，并将这些辅音添加到单词末尾。同时，还需要在以辅音开头的单词的末尾加上 ay。举例来说，scratch 这个词会变成 atchscray。

如果这个问题乍一听很复杂，感觉无从着手，可以先从伪代码（pseudocode）开始。

伪代码是我们想要实现的算法的简单文字概要。可以把它看作是路线图。拿一张纸，写下完成任务所需的一切步骤。假设你正试着给一个小孩子详细解释玩 Pig Latin 小游戏的步骤。它的伪代码解决方案可能是下面这样的。

1. 要求用户输入一个单词。
2. 检查这个单词是否以元音开头。
3. 如果单词以元音开头，就在词尾加上 yay，然后用一个变量来保存。
4. 如果单词以辅音开头，就要检查所有字母并找到其中的第一个元音。
5. 为了删除第一个元音之前的字母，需要知道元音的索引。
6. 使用 firstpart 变量存储所有被删去的辅音字母。
7. 获取其余的字母，用 secondpart 变量存储它们。
8. 将第二部分与第一部分连接，并在词尾加上 ay。

将问题分解成数个简单的步骤，会让问题更易于解决。若是不清楚如何在 Python 中实现某个步骤的话，可以随时在浏览器中搜索。好了，现在可以开始把这些步骤转化成 Python 代码了。为了简单起见，我们假设用户输入了 apple 这个词：

```
word = "apple"
```

现在需要做的是检查单词首字母是否为元音。从一个字符串中抓取第一个字符听起来是要用到索引。第一个索引总是 0，所以第一个字母是 word[0]。在第 1 章中，我们编写了一个用来检查一个字母是否为元音的解决方案。下面也要这样做：

```
if word[0] in ["a", "e", "i", "o", "u"]:
    print("This letter is a vowel" )
```

因为"apple"是以元音开头的，根据第 3 步，我们将在词尾加上"yay"。新的 Pig Latin 小游戏的结果将被保存到 result 变量中：

```
if word[0] in ["a", "e", "i", "o", "u"]:
    result = word + "yay"
        print(result)
```

添加一条 print 语句来检查结果的值，然后运行代码。确保这个解决方案适用于以元音开头的单词。第一部分轻松解决了。我们已经成功了一半。

后半部分的作用则是检测以辅音开头的单词。重新将 word 变量分配给 scratch。只会出现两种情况：单词要么以元音开头，要么不以元音开头。这看上去与 if 和 else 语句的逻辑很像。if 语句的部分已经完成了，现在就来编写 else 的部分。

伪代码中的第 4 步是检测单词中的所有字母，并找到其中的第一个元音。

为了找到元音，需要遍历字符串中的字符，也就是让 Python 执行一个 for 循环操作。第 5 步表明，在单词中找到元音后，还要得到该元音的索引。range() 函数能很方便地确定索引。可以把第 4 步和第 5 步翻译成如下代码：

```
word = "scratch"
if word[0] in ["a","e","i","o","u"]:
    result = word + "yay"
else:
    for index in range(len(word)):
        print(index, word[index])
```

用 print 语句确认程序运行正常。而 index 代表 word 中每个字母的索引。你可能还记得，如果要通过索引从字符串中获取一个字符的话，需要像这样：将它传入方括号中 word[index]。元音很好识别，和前半部分中识别元音的方法大致相同，只需要将 0 替换为 index 即可：

```
word = "scratch"
if word[0] in ["a","e", "i","o","u"]:
   result = word + "yay"
else:
   for index in range(len(word)):
      if word[index] in ["a","e","i","o","u"]:
         print(index, word[index])
```

在 if 语句的作用域内，print 语句揭示了元音的索引。在 scratch 这个词中，元音的索引是 3。为了和伪代码保持一致，我们需要通过元音的索引来分割这个词。这里不可以硬编码，也就是说，不能直接使用 3 这个索引，因为其他单词中的元音可能会在不同的位置。利用切片法，我们可以抓取 scratch 中的元音 a 之前的所有辅音。因此，第 6 步将以如下形式执行：

```
firstpart = word[0:index]
```

同样地，还要把元音之后的所有其他字母切片：

```
secondpart = word[index : ].
```

终止点是留空的，因为我们想得到索引后的所有字符。伪代码中的最后一步很简单。为了保持一致，我们仍然使用 result 变量来保存字符串，并将 secondpart、firstpart 和 ay 连接起来。

```
word = "scratch"
if word[0] in ["a","e","i","o","u"]:
   result = word + "yay"
else:
   for index in range(len(word)):
      if word[index] in ["a","e","i","o","u"]:
         firstpart = word[0:index]
         secondpart = word[index : ]
         result = secondpart + firstpart + "ay"
```

将 input() 函数分配给 word 变量，并用不同的单词对代码进行测试，确保代码能正常运作。有一件事让人困扰，即包含两个或更多元音字母的单词会返回错误的结果。输入 brackets 这个词的话，返回的结果会是 etsbrackay。我认为，游戏规则的意思是识别出第一个元音即可。如果想让代码在找到第一个元音后就终止的话，就需要用 break 关键字来终止执行 if 语句。在图 2.15 中，可以看到 Pig Latin 小游戏的完整解决方案。

```
In [21]:  1  word = input("give me a word ")
          2
          3  if word[0] in ["a","e","i","o","u"]:
          4      result = word + "yay"
          5  else:
          6      for index in range(len(word)):
          7          if word[index] in ["a","e","i","o","u"]:
          8              firstpart = word[0:index]
          9              secondpart = word[index : ]
         10              result = secondpart + firstpart + "ay"
         11              break
         12  print("Pig Latin word", result)

give me a word brackets
Pig Latin word acketsbray
```

图 2.15　用 Python 编写的 Pig Latin 小游戏

为了改进设计和结构，可以对代码进行重构。我选择从 if 语句开始处理。元音列表在代码中出现了两次。如果能用函数来确定一个字母是否为元音，代码会显得更简洁。我们可以编写一个辅助函数，它接受一个字母作为参数并返回 True 或 False。我将这个函数命名为 is_vowel：

```
def is_vowel(letter):
    if letter in ["a","e","i","o","u"]:
        return True
    else:
        return False
```

接着，我们可以把 Pig Latin 小游戏的代码包装成一个函数。我将其命名为 game。该函数的用途是接收定义为 word 的各种字符串，并返回另一种形式的 Pig Latin 小游戏，如以下代码所示：

```
def game(word):
    if is_vowel(word[0]):
        result = word + "yay"
    else:
    for index in range(len(word)):
        if is_vowel(word[index]):
            firstpart = word[0:index]
            secondpart = word[index : ]
            result = secondpart+firstpart+"ay"
```

```
        break
    return result
```

在 game() 函数中，我们调用了 is_vowelt() 函数来检查一个字母是否为元音。你可以对 game() 函数进行测试，用任意一个单词调用它，比如：

```
game("scratch")
```

我们将用另一个函数从用户处获取输入。为此，我会定义一个新的函数并将其命名为 main。在现实生活中，需要考虑到各种可能出现的情况，因此，我们要对用户的输入进行验证，确保输入内容中不含数字或其他非字母的字符，并且输入的长度大于 1 个字母。在英语中，只有除了 a 和 I 之外，没有其他任何 1 个字母的单词。如果输入通过验证，就会被传到 game() 函数中。进行一番处理后，game() 函数将返回一个小游戏单词，程序将把结果展示给用户。如果用户的输入没有通过验证，就返回 Invalid input, please try again（无效输入，请重试）这样的信息。

is_vowel 只能识别小写字母，因此，我们要在调用 game() 函数之前把接收到的单词转换为小写，完整的 main() 函数如下所示：

```
def main():
    word = input("give me a word ")
    if word.isalpha() and len(word) > 1:
        word = word.lower()
        result = game(word)
    else:
        result = "Invalid input, please try again"
    return result
```

在图 2.16 中，可以看到 Pig Latin 小游戏的最终代码。底部的 main 函数被调用时，会提示用户输入一个单词。第 32 行的筛选器如果返回 True，第 34 行就会调用 game 函数。用户的输入被转换为小写字母，作为参数传入 game 并分配给 word 参数。在第 15 行中，is_vowel 和单词的首字母被调用。如果输入的单词是 dog()，is_vowel() 就会返回 False，程序转到 else 语句。在第二次迭代后，is_vowel() 函数再次被调用，这次检验的是字母 o。is_vowelf() 函数返回 True 时，代码的第 20 ～ 22 行就会被运行。新词将被保存在第 22 行的 result 变量中。最后， game() 函数在第 24 行返回 Pig

Latin 小游戏的单词。game() 函数的结果在第 34 行保存，然后在第 37 行由 main() 函数返回。

有些人可能会问，为什么需要用这么多函数来完成一个像 Pig Latin 小游戏这样简单的任务。答案是，每个函数都有自己的目的，并负责一项工作。is_vowel() 是个辅助函数，它的任务只有一项：判断一个字母是否为元音。如果需要的话，我们随时可以导出这个函数并在其他文件中使用它。main() 函数负责所有与用户通信相关的任务。要改变输入语句中的信息时，只要简单地修改一下 main() 函数中 input 语句的内容即可，完全不用动 game() 函数。与用户交流是一个完全独立的任务，与 Pig Latin 小游戏的代码无关。如果我们想在程序中添加更多文字游戏，那么最好用 main 函数增加一个菜单，并询问用户想玩什么游戏。

```
In [23]: 1  def is_vowel(letter):
         2      '''
         3      如果字母为元音，则返回True
         4      '''
         5      if letter in ['a','e','i','o','u']:
         6          return True
         7      else:
         8          return False
         9
        10  def game(word):
        11      '''
        12      在单词末尾添加尾缀，
        13      或将第一个元音之前的字母移到单词末尾，并添加尾缀
        14      '''
        15      if is_vowel(word[0]):
        16          result = word + "yay"
        17      else:
        18          for index in range(len(word)):
        19              if is_vowel(word[index]):
        20                  firstpart = word[0:index]
        21                  secondpart = word[index:]
        22                  result = secondpart+firstpart+"ay"
        23                  break
        24      return result
        25
        26  def main():
        27      '''
        28      接收一个单词并对其进行验证
        29      '''
        30      word = input("give me a word ")
        31
        32      if word.isalpha() and len(word) > 1:
        33          word = word.lower()
        34          result = game(word)
        35      else:
        36          result = "Invalid input, please try again"
        37      return result

In [24]: 1  main()
         give me a word dog
Out[24]: 'ogday'
```

图 2.16　Pig Latin 小游戏重构后的代码

2.6　无限循环

　　Python 中有两种循环：有限循环和无限循环。上一节中已经介绍过有限的 for 循环，现在是时候探索无限的循环 while 了。你可能已经从"无限"这两个字中察觉到了，我们不知道 while 循环会迭代多少次。while 关键字的后面需要有一些条件语句。如果条件语句返回 True，那么 while 循环就会在其作用域内执行语句。执行完毕后，while 循环会再次检查该条件。如果条件仍返回 True，while 循环就会再次迭代。然而，如果条件返回 False，while 循环就会终止。拿下班时间来简单举个例子吧，伪代码看起来可能是下面这样的：

```
while not 6.00pm
    keep working
```

　　如果没到下午 6 点，我们就继续工作。一个小时后，再次检查是否到下午 6 点了。还没有到的话，就继续工作。时钟走到下午 6 点时，while 循环中的条件不再为 True。这时候就可以跳出循环，停止工作了。最重要的是，条件在某一时刻应该转换为 False。否则，程序就会陷入死循环。在现实生活中，这可能是一场灾难。

　　我们可以像下面这样构造一个简单的 while 循环：

```
tally = 0
while tally < 5:
    tally = tally + 1
    print(tally)
```

　　在运行这段代码之前，务必确保 while 循环的每次迭代中，tally 都会加 1。如果不小心漏掉这句话，while 循环就会一次又一次地输出结果 0。这就是个无限循环的例子。想要退出死循环的话，需要通过单击 Jupyter 上方菜单中的停止按钮来中断内核。

　　while 循环中的 tally = tally + 1 语句将增加 tally 的值。重复 5 次后，tally 的值会是 5，tally < 5 这个条件将返回 False。循环也就随之结束了，如图 2.17 所示。

```
In [26]:  1  tally = 0
          2  while tally < 5:
          3      tally = tally + 1
          4      print(tally)

1
2
3
4
5
```

图 2.17　条件不再为 True 时，程序就会退出 while 循环

while 循环的关键元素是条件。条件必须能在某一时刻发生变化，程序才可以退出循环。

我们可以在 Pig Latin 小游戏的例子中使用 while 循环。用 main() 函数对用户输入的单词进行验证。如果字符串中含有除了字母以外的任何东西，代码就会被重定向到"Invalid input, please try again"，然后终止程序。在现实中，我们不希望就这样放弃不小心输入了无效词的用户，这种情况下，可以利用 while 循环，要求用户重新输入。我们将把原本的 if 和 else 语句替换成 while 循环语句，程序会一直要求用户输入单词，直到用户的输入格式正确为止。我还要添加另一条 print 语句，提醒用户只能使用字母字符：

```
def main():
    word = input("give me a word ")
    while not word.isalpha() and len(word) > 1:
        print("Invalid input, please try again")
        print("You can use alphabetic-characters only ")
        word = input("give me a word ")
    word = word.lower()
    result = game(word)
    return result
```

关键字 while 后面的 not 表明，可以使用 word.isalpha() 和 len(word)>1 来筛选 False。这条语句的意思和字面上一样，只要条件为 False，while 循环就会不断地执行 print 语句并要求用户输入单词，直到用户的输入格式正确为止。如果用户输入了正确格式的单词，那么 while 循环根本不会被执行，代码将进入 word = word.lower() 这一行。word = word.lower() 和 result = game(word) 语句在 while 循环之外。它们在两种情况下执行：第一种情况是 while 循环从未被触发；第二种情况是 while 循环执行后被终止。

很容易看出，while 循环和 for 循环的概念截然不同。while 循环在很大程度上依赖于一个条件。而 for 循环则是遍历序列中的每一个项目。

2.7 字典

字典是一个至关重要且被广泛使用的数据结构。本书将会多次提到字典。了解字典能让我们更容易理解更加复杂的数据结构。

字典是键值对的无序集合。一个键包含一个单一值。电话簿的例子可以很好地解释字典的结构。初始化字典需要用到大括号 { }，如以下代码所示：

```
phone_book = {}
```

将 phone_book 定义为字典之后，就可以向其中添加一些电话号码了。为了在字典中增加一个新的键值对，我们需要在方括号中添加一个键，并指定一个值。假设我想存储朋友的电话号码，那么他的名字"John"就是键，他的电话号码则是值：

```
phone_book["John"] = 2123458967
```

键必须是惟一的。如果我有另一位同名的朋友，就需要用不同的键来存储他的号码。可以在字典中再添加几位朋友的联系方式：

```
phone_book["Tommy"] = 5169873456
phone_book["Mark"] = 2015672189
```

现在的 phone_book 如图 2.18 所示。

```
In [27]:  1  phone_book = {}
          2
          3  phone_book["John"] = 2123458967
          4  phone_book["Tommy"] = 5169873456
          5  phone_book["Mark"] = 2015672189
          6  phone_book

Out[27]: {'John': 2123458967, 'Tommy': 5169873456, 'Mark': 2015672189}
```

图 2.18 Python 字典

如果想获取值，需要用到这个值对应的键。为了获取 Tommy 的电话号码，我需要输入以下代码，结果如图 2.19 所示：

```
phone_book["Tommy"]
```

```
In [27]:  1  phone_book = {}
          2
          3  phone_book["John"] = 2123458967
          4  phone_book["Tommy"] = 5169873456
          5  phone_book["Mark"] = 2015672189
          6  phone_book

Out[27]: {'John': 2123458967, 'Tommy': 5169873456, 'Mark': 2015672189}

In [28]:  1  phone_book["Tommy"]

Out[28]: 5169873456
```

图 2.19　通过键获取值

与列表结构相比，字典的速度更快。从字典中获取值只需进行一次操作。如果电话号码被存储在列表中的话，就只能通过迭代找到 Tommy 的号码。迭代需要的操作多得多。无论怎样，迭代花的时间都比一次操作所用的时间更长。

字典的另一个特点是可以非常简便地重新赋值。假设 Tommy 换了电话号码，那我们完全可以轻而易举地用新值替换旧值：

```
phone_book["Tommy"] = 2016546765
```

改变数值没有任何次数和频率上的限制，想改多少次就可以改多少次。因为在字典中可以很简单地重新赋值，所以它是存储股票价格的完美结构。股票代号是键，而作为值的价格可以修改无数次。同样，字典也可以用来计算数量。值更新时，键的每一个实例都会被更新。在本章的末尾，将利用字典计算出每个词在文本文件中出现的次数。

字典是无序集合，其中可以容纳成千上万个元素，那怎样才能显示所有的键呢？一如既往，先从 dir() 函数开始。在 phone_book 中对 dict 运行 dir() 函数，就可以得到字典所支持的所有方法。这里，我们想找到 keys() 方法。

keys() 方法将获取字典中的所有键。初次接触一个字典时，不妨先从 keys() 入手。以下命令将返回一个包含字典中所有键的有序数组，如图 2.20 所示：

```
phone_book.keys()
```

```
In [29]:    1 phone_book.keys()
Out[29]: dict_keys(['John', 'Tommy', 'Mark'])
```

图 2.20　keys() 方法返回字典中的所有键

与 keys() 方法相对的是 values() 方法，它能以列表的形式返回字典中的所有值，如图 2.21 所示。

`phone_book.values()`

```
In [30]:    1 phone_book.values()
Out[30]: dict_values([2123458967, 5169873456, 2015672189])
```

图 2.21　values() 方法返回字典中的所有值

相对而言，值提供的信息量比较少，因为我们不知道这些电话号码对应的是谁。但是，如果字典中记录了纽约证券交易所所有的股票及其股价，我们就可以通过值来观察哪些公司的股票在上涨或下跌。

items() 方法将字典转换为元组列表。每个键值对将以元组结构的形式呈现，如图 2.22 所示。

`phone_book.items()`

```
In [31]:    1 phone_book.items()
Out[31]: dict_items([('John', 2123458967), ('Tommy', 5169873456), ('Mark', 2015672189)])
```

图 2.22　items() 方法将字典中的所有配对作为元组返回

需要把字典转换成列表时，就是 items() 方法派上用场的时候了。字典不是有序结构，因此，想要按值对字典进行排序的话，需要将它转换成列表，然后再进行排序。本章后面将会实际应用到这个例子。

顾名思义，get() 方法通过键来获取值。这个方法和 phone_book["Tommy"] 所用到的方法的主要区别在于，如果没有找到键的话，get() 方法将返回默认值。如果用户试图检索 Mary 的电话号码，但字典中没有 Mary 的话，get() 将返回 Not Found（未找到）。

```
phone_book.get("Mary", "Not Found")
```

与返回错误信息相比，返回默认值显得清爽多了，如图 2.23 所示。

```
In [32]:  1  phone_book.get("Mary", "Not Found")
Out[32]: 'Not Found'

In [33]:  1  phone_book("Mary")
          
TypeError                                 Traceback (most recent call last)
~\AppData\Local\Temp/ipykernel_13612/2446734713.py in <module>
----> 1 phone_book("Mary")

TypeError: 'dict' object is not callable
```

图 2.23　如果在字典中未找到键，get() 方法就会返回默认值

现在，你可能想问："可以用 for 循环来对字典进行迭代吗？"我一直奉行的原则是，如果对某件事感到不确定或不了解，不妨直接动手尝试。就算失败了，至少也能从错误信息中了解失败的原因。实际上，在字典中循环是完全可行的。

有几种方法可以遍历字典。第一种方法相当直接：

```
for i in phone_book:
    print(i)
```

这个方法可以得到字典中的所有键。通过键，可以获取值：

```
for i in phone_book:
    print(i, phone_book[i])
```

另一种遍历的手段则需要用到 items() 方法。

```
for i in phone_book.items():
    print(i)
```

如你所见，i 变量代表一个元组。items() 方法将 phone_book 转换为元组列表。技术上来说，在 items() 方法被应用后，程序就会在元组列表中进行迭代。每个元组都包含两个值，这两个值之前分别是一个键和一个值。为了提取键和值，需要对元组进行解包。一种方法是对键和值进行索引：

```
for i in phone_book.items():
    print(i[0], i[1])
```

不过，也可以将变量分配给元组中的第一个和第二个元素：

```
key, value = ("John", 2123458967)
```

如果采用逻辑手段的话，那么 for 循环将需要两个变量，如以下代码所示：

```
for key, value in phone_book.items():
    print(key, value)
```

从图 2.24 中可以看出，这两种解决方案得到的结果是相同的。最终采用哪种方法，取决于你。

```
In [34]: 1  for i in phone_book.items():
         2      print(i[0], i[1])
John 2123458967
Tommy 5169873456
Mark 2015672189

In [35]: 1  for key, value in phone_book.items():
         2      print(key, value)
John 2123458967
Tommy 5169873456
Mark 2015672189
```

图 2-24　用 for 循环遍历字典

现在，用一个简单的练习来汇总一下本节所学到的知识。

假设有一份以字典形式存储的菜单：

```
menu = {"Burger": 3.75, "Soda": 0.99, "Nachos": 2.99, "Shake":1.25}
```

利用 Python 的内置函数 input() 函数让用户输入菜单上的两个项目：

```
item_one = input("What would you like?)
item_two = input("What else would you like?)
```

在得到想要的项目后，就可以用它们作为键获取字典中的价格：

```
price_one = menu[item_one]
price_two = menu[item_two]
```

最后，计算并打印菜品总价：

```
total = price_one + price_two
print("Your total is ${}".format(total))
```

接下来的练习将演示如何用键和值来填充一个新的字典。继续以餐馆为例，现在，我们决定为所有菜品打 9 折，并将新价格存储在一个名为 sale 的字典中。首先，需要初始化一个新字典：

```
sale = {}
```

在迭代 menu 时，每个值将减少 10%，同时把菜品和新价格添加到这个字典中。Python 内置函数 round() 的作用是把小数点后的数字缩减为 2 位：

```
for food, price in menu.items(): s
ale[food] = round(price * 0.9, 2)
```

在处理完菜单并降低所有菜品的价格后，新建的字典 sale 看起来如下所示：

```
{'Burger': 3.38, 'Soda': 0.89, 'Nachos': 2.69, 'Shake': 1.12}
```

2.8　将信息写入文本文件

如前所述，Python 是在内存池中运行的，而文件却是存储在硬盘或云中的。内置函数 open() 函数在文件中读取并写入数据，open() 函数返回的是 Python 对象。请记住，我们并非在直接处理存储在硬盘上的文件，而是在和对象打交道。open() 函数需要关键字参数。打开文件需要用到 4 个主要参数。首先，要提供文件名和文件路径。其次是模式，模式指定了你对文件的意图，默认是 mode='r'，'r' 字符串代表 read（读取），如果目的是从文件中获取信息，就不必对模式进行更改。但如果要把数据写入文件，就需要把模式改为 'w'。每次运行代码时，open() 函数都会创建一个新文件。还有一个关键字参数是 encoding（编码）。对于 Mac 用户来说，这个参数是可选性的，因为在默认情况下，文件都会被以 UTF-8 的形式编码或解码。第 1 章介绍过计算机是如何存储字符串的。简而言之，文本文件就是一个字符串。UTF-8 是时下最流行的文本编码系统。如果想探索 UTF-8 编码到底是如何工作的，并查看字符和对应数字的表格的话，请访问 UTF-8 的维基百科（https://en.wikipedia.org/wiki/UTF-8）。Windows 用户可能需要将 encoding 设置为 utf8 来对文件进行编码：

```
obj = open("myfile.txt", "w", encoding="utf8")
```

obj 包含一个由函数 open() 生成的对象，其输出结果如下：

`<_io.TextIOWrapper name='myfile.txt' mode='w' encoding='utf8'>`。

这意味着我们已经成功创建了 myfile.txt。这个新文件已经被保存在电脑上了。可以使用查找功能，或在 Jupyter Notebook 的文件夹中搜索它。

用任意文本编辑器打开 myfile.txt 文件。文件是空白的，因为我们还没有在里面写下任何内容。使用写入模式时，需要多加注意。如果再次运行 open() 函数，"w"模式将删除现有的 myfile.txt 文件并创建一个同名的新文件。请注意，如果电脑上存在名为 myfile.txt 的文件，并且其中包含内容的话，这样做会导致这些内容的丢失。

创建了文件后，就可以往文件中写入内容了。同样，这是在操作 Python 对象。对 obj 运行 Rundir()，即可看到所有读取和写入方法。为了向 obj 添加字符串，需要用到 write() 命令。最后，利用 close() 命令将其保存到文件中。

我们要把一个字符串写入文件，请确保所有代码都在同一单元格中：

```
string_one = "This pizza is delicious!"
obj = open("myfile.txt", "w", encoding="utf8")
obj.write(string_one)
obj.close()
```

close() 方法将对象保存为一个文件。它的作用和 Microsoft Word 中的保存按钮相同。在单击保存按钮之前，文本不会被存储。如果突然停电了，而你还来不及保存 Word 中的数据的话，可能就会丢失这些内容。

运行所有命令后，刷新 myfile.txt 文件。应该可以在文件中看到 This pizza is delicious!，如图 2.25 所示。

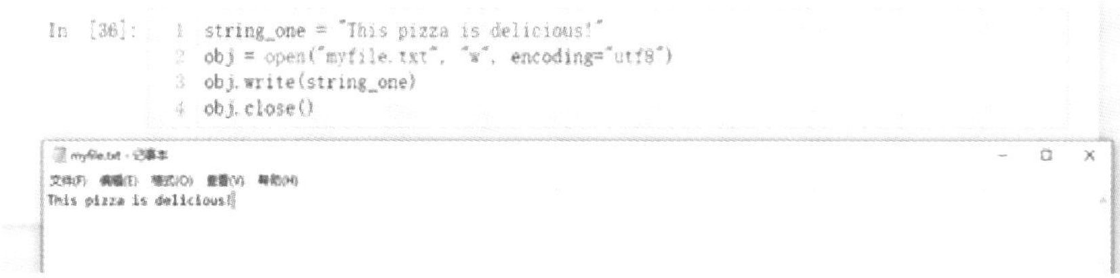

图 2.25　在文本文件中写入信息

与写入模式不同，追加（append）模式会将字符串添加到现有文件中。如果想向已有文件中添加一些额外数据的话，不妨把关键字参数模式中的 w 改为 a。现在要向 myfile.txt 添加另一个字符串。在 Python 中，\n 符号意味着新的一行。新增的字符串将被输入到新的一行中：

```
string_two = "I love pepperoni pizza!"
obj = open("myfile.txt", "a", encoding="utf8")
obj.write("\n"+string_two)
obj.close()
```

每次运行这段代码，程序都会在 myfile.txt 文件中追加一句 I love pepperoni pizza!，如图 2.26 所示。

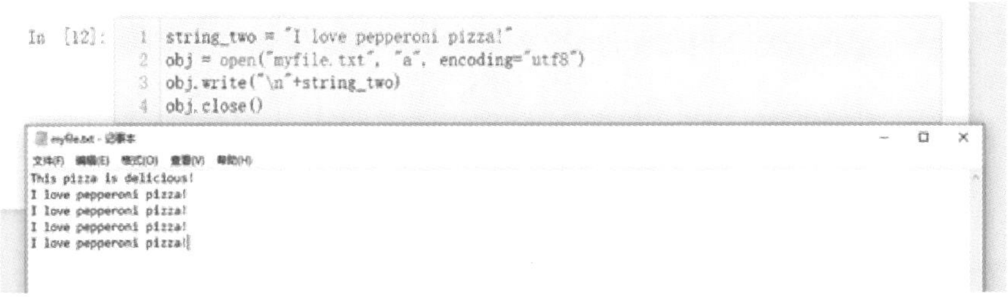

图 2.26　追加模式在文本文件中写入信息

作为对本小节的总结，我们来做一个简单的练习。假设有一个存储着股票价格的字典。现在，我们要将这些数据存储到一个文本文件中：

```
portfolio={"IBM":111.90,"AAPL":155.53,"MSFT":216.39}
obj = open("dummydata.txt", "w", encoding="utf8")
for key, value in portfolio.items():
    obj.write("Stock {} Price{}\n".format(key,value))
obj.close()
```

这里用的是 w 模式，因为我们是在将数据写入空白的 dummydata.txt 文件中。请注意，format() 方法将价格、浮动值转换成了字符串，这是因为文本文件格式只接受字符串数据类型，如图 2.27 所示。

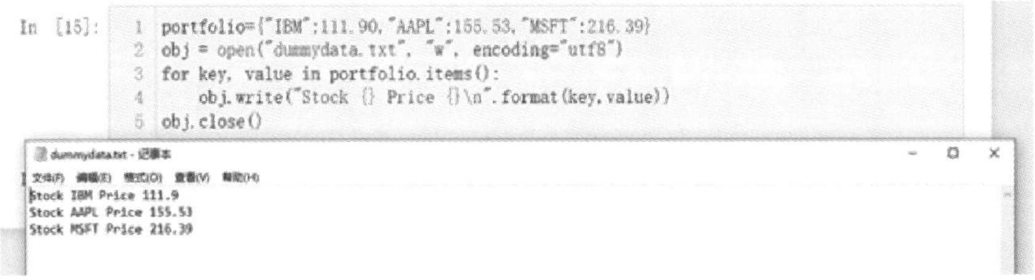

图 2.27　将字典中的信息写入文本文件

2.9 从文本文件中读取信息

从文件中读取数据与在文件中写入数据大同小异。我们只需要使 open() 函数处于默认的读取模式即可。有些 Windows 系统会要求在文件路径前加一个 "r"。另外，如果文件不和 Python 脚本保存在同一目录中，请确保文件路径输入正确，不然会得到 "FileNotFoundError"（错误：未找到文件）。

```
obj = open(r"dummydata.txt", "r", encoding="utf8")
obj.read()
```

read() 方法将 obj 作为字符串解析，如图 2.28 所示。不用在意返回的结果中的 \n 符号。在 Python 中，\n 意味着这些字符分别位于不同的行。

```
In [17]:  1  obj = open(r"dummydata.txt", "r", encoding="utf8")
          2  obj.read()
Out[17]: 'Stock IBM Price 111.9\nStock AAPL Price 155.53\nStock MSFT Price 216.39\n'
```

图 2.28　从文本文件中读取信息

实际上，我们可以利用 \n 将字符串分割成列表。把 obj.read() 分配给一个新变量。有一个名为 split() 的字符串方法。必须牢记的是，split() 方法总是返回一个列表数据结构。在默认情况下，split() 会用一个空格来分隔字符串。不过，也可以向 split() 传入一个关键字或一个要被分割的字符。在这个例子中，我们将 \n 作为参数传入 split()：

```
obj = open(r"dummydata.txt", "r", encoding="utf8")
data = obj.read().split("\n")
```

应用 split() 方法后，data 变量就持有着用逗号分隔的字符串列表了。列表是一种更具普适性的数据结构，更易于分析数据的走向，如图 2.29 所示。

```
In [20]:  1  obj = open(r"dummydata.txt", "r", encoding="utf8")
          2  data = obj.read().split("\n")
          3  data
Out[20]: ['Stock IBM Price 111.9',
          'Stock AAPL Price 155.53',
          'Stock MSFT Price 216.39',
          '']
```

图 2.29　解析文本文件的信息

为了对本章中所学到的知识进行复习加固，我们将做进行一次实践。首先，选出电脑上的任意一个文本文件，或者也可以按照后文中的步骤使用我上传到网络中的文件。如果你选择使用自己的文件，可以像前文中的例子那样使用 open() 函数。从服务器中读取文件需要用到 Python 的一个内置模块：urllib。Urllib 是一个包，它收集了数个用于处理 URL (Uniform Resource Locators) 的模块。urllib 的工作原理非常简单。它向服务器发送请求，并通过 urlopen() 函数获取信息。我的文本文件位于以下地址：https://bit.ly/text-file。

最好保持代码的整洁。对此，我的建议是为每项任务都新建一个文件。

urllib 是一个包，所以需要先导入它。本书中，我们将会用到许多不同的库和包。库（library）是函数的集合。简单地说，就是第三方代码。在文件的开头处导入库是非常重要的。最好不要把第三方代码放到脚本中间。即使一开始忘记导入库，想起来的时候也要回到开头处重新导入。

```
from urllib.request import urlopen
```

从云端读取文本需要用到 urlopen() 函数。从服务器收到的信息将被存储为对象。而对象可以用 read() 方法进行解析。在文本源自网络的情况下，read() 方法将返回以 b 作为前缀的文本字节。可以利用 str() 函数来确定它是否为常规字符串，如图 2.30 所示：

图 2.30 解析来自远程文本文件的信息

第 2 章　自己动手写 Python 脚本

```
data = urlopen("https://bit.ly/text-file").read()
data = str(data)
```

目前，数据是以普通的字符串的形式显示。我们的目标是找到文本中出现得最频繁的 10 个词。

理论上来说，该任务可以用字典这种数据结构来完成。将每个单词作为键，而这个词在文本中出现的次数则是值。这听起来不错。但在此之前，需要先把所有单词转换成小写字母。对于 Python 而言，带有大写字母 T 的 The 和以小写字母 t 开头的 the 是不同的字符串，另外，我们还需要将字符串按空格分隔为不同的单词：

```
data = urlopen("https://bit.ly/text-file").read()
data = str(data).lower()
data = data.split()
```

应用 split() 方法后，data 变量就持有单词的列表了。我们需要一个字典来累计每个单词出现的次数。我将用 d 变量来初始化新的字典：

```
d = {}
```

接着，就可以在 word 列表中进行迭代了。如果单词已经被存储到字典中，其对应的值就增加 1。否则，就将单词添加到 d 变量中，并将其值设为 1。

```
for word in data:
    if word in d:
        d[word] = d[word] + 1
    else:
        d[word] = 1
```

在图 2.31 中，可以看到字典中有许多个单词。

```
In [1]:  1  from urllib.request import urlopen

In [5]:  1  data = urlopen("https://bit.ly/text-file").read()
         2  data = str(data).lower()
         3  data = data.split()
         4  d = {}
         5  for word in data:
         6      if word in d:
         7          d[word] = d[word] + 1
         8      else:
         9          d[word] = 1
        10  d

Out[5]: {"b'\\ngetting": 1,
 'started': 2,
 'with': 14,
 'react\\n\\nin': 1,
 'this': 8,
 'chapter,': 3,
 'i': 9,
 'will': 17,
 'explain': 1,
 'our': 9,
 'choice': 3,
 'for': 14,
 'a': 32,
```

图 2.31　字典中的单词是键，每个单词在文本中出现的次数则是值

接下来，按照值对这些词进行排序。我们无法对字典进行排序，所以要把它转换成元组列表，如图 2-32 所示。

```
alist = list(d.items())
```

```
In [1]:  1  from urllib.request import urlopen

In [6]:  1  data = urlopen("https://bit.ly/text-file").read()
         2  data = str(data).lower()
         3  data = data.split()
         4  d = {}
         5  for word in data:
         6      if word in d:
         7          d[word] = d[word] + 1
         8      else:
         9          d[word] = 1
        10  alist = list(d.items())
        11  alist

Out[6]: [("b'\\ngetting", 1),
 ('started', 2),
 ('with', 14),
 ('react\\n\\nin', 1),
 ('this', 8),
 ('chapter,', 3),
 ('i', 9),
 ('will', 17),
 ('explain', 1),
 ('our', 9),
```

图 2-32　把字典转换为元组列表

在开始对元组列表进行排序之前，我要先解释一下 sort() 方法的机制。先用 help() 函数来查看 sort() 的所有关键字参数：

```
help(list.sort)
```

参数有两个，分别是 key = None 和 reverse = False。reverse 的作用是设置列表为升序或降序排序。它在默认情况下被设置为 False，因为人们更常以用升序排列。但我们现在想知道的是出现频率高的单词有哪些，所以要将 reverse 设为 True。

key 参数则有点棘手。让我解释一下原因。假设有一个如下所示的数字列表。sort() 方法将通过比较大小来对该列表进行升序排列。

```
plain_list = [ 9,5,7,4,8,3 ]
plain_list.sort()[3, 4, 5, 7, 8, 9]
```

为了说明现在的情况，我将对列表的样本使用相同的 sort() 方法。

```
my_list = [('will', 17),('explain', 1),('choice', 3),('a', 32)]
my_list.sort()
[('a', 32), ('choice', 3), ('explain', 1), ('will', 17)
```

可以看到，列表是按字母顺序排列的。Python 知道字母顺序。sort() 方法认为元组中的第一个元素比较重要。默认情况下，它根据第一个元素对所有元组进行排序。但是，我们想按照元组中的第二个元素来对列表进行排列。获取元组的第二个元素并在 sort() 方法中将其用作键，就可以实现我们的目的。首先要获取一个元素：

```
t =('a', 32)
t[1]
```

我们要对列表中的每个元组都执行这个操作。听起来像是个重复性的工作，那就需要把这条语句包装成函数。我将新的函数命名为 get_value：

```
def get_value(t):
    return t[1]
```

sort() 的定义表明，如果给出 key() 函数，它将被应用于列表中的所有项目上。第二步是将 get_value 作为键使用：

```
alist.sort(key=get_value, reverse=True)
```

在图 2.33 中，可以看到列表是按照值的由大到小排列的。我们可以对列表进行切片，获取文件中出现得最频繁的 10 个词。

```
In [1]:   1  from urllib.request import urlopen

In [8]:   1  def get_value(t):
          2      return t[1]
          3
          4  data = urlopen("https://bit.ly/text-file").read()
          5  data = str(data).lower()
          6  data = data.split()
          7  d = {}
          8  for word in data:
          9      if word in d:
         10          d[word] = d[word] + 1
         11      else:
         12          d[word] = 1
         13  alist = list(d.items())
         14  alist.sort(key=get_value, reverse=True)
         15  alist[:10]

Out[8]: [('and', 38),
         ('the', 37),
         ('a', 32),
         ('to', 27),
         ('of', 25),
         ('react', 22),
         ('is', 20),
         ('will', 17),
         ('in', 15),
         ('with', 14)]
```

图 2.33 找到文本中出现频次最高的 10 个词

有人可能会问，除了定义函数来索引元组中的元素，还有没有其他用于获取键的更好方法呢？答案是肯定的：lambda 就是一个更优雅的解决方案。下一章将详细介绍 lambda。你可以之后再回到这个问题，用 lambda 来替代 get_value() 函数。

我相信，前两章已经帮助你透彻理解了 Python 的操作方式。可以把这两章看作是对 Python 编程的入门介绍。我们已经学习了从内置数据类型和函数到控制流语句的所有基础知识。

现在，我们已经为探索 Python 的高阶知识以及处理复杂问题做好了充分的准备。

第 3 章
Pandas 数据分析

现代生活中的挑战要用快节奏的解决方案来处理。如今，我们需要实时评估海量的信息。Python 的速度很快，但如果还想更快的话，恐怕就得让 Pandas 出马了。Pandas 是一个用于加速数据操作的 Python 核心库。它最初是为华尔街的专业人士开发的，随即很快就在那些处理数字、分析大数据以及想从使用电子表格转而使用更强大和更高效的 Python 编程语言的人中流行了起来。Pandas 这个名字代表的是面板数据（panel data）。面板数据是多维数据集的计量经济学术语。Pandas 有许多实用的功能，能让数据分析的过程效率倍增。

Pandas 有两个复杂的数据结构：Series（一维数据）与 DataFrame（二维数据）。我喜欢用运输工具的方式来类比数据结构。如果把 Python 列表比作是一辆普通而可靠的轿车，可以把你从 A 点带到 B 点，那么 Series 就是一辆赛车。普通的轿车只需要定期加机油和汽油，但赛车则需要用高级润滑油并进行特殊的养护。这一章将介绍 Pandas 的所有主要功能，比如筛选、逻辑操作、连接和合并数据集，并学习如何使用它们。

3.1 Series 数据结构

在开始介绍 Series 的定义并开始编码之前,需要先导入 Pandas。

因为 Pandas 是第三方库,所以每次想要使用它时,都需要在文件的开头处导入它:

```
import pandas as pd
```

pd 变量可用作快捷方式。pd 包含所有 Pandas 函数,按下键盘上的 Tab 键后,即可看到所有的函数。在一个新的单元格中,输入 pd,然后按 Tab 键,如图 3.1 所示。不要忘记在 pd 后面输入句号。根据我的经验,可能需要等一会,带有所有函数的下拉菜单才能加载并显示出来,尤其是 Windows 系统。在 Jupyter 中,Tab 键可用于自动补全功能实现。

图 3.1 输入 pd 并按 Tab 键查看 Pandas 函数

Series 是一维数据结构。前文介绍过几种序列结构,但 Series 是与众不同的。运行以下代码,可以查看 Series 的正式定义:

```
help(pd.Series)
```

定义中有这样的一行:"one-dimensional ndarray with axis labels"(带有轴标签的一维数组)[①]。为了理解这个定义并探索 Series 的所有特性,我们需要创建一个 Series。

---
① https://pandas.pydata.org/pandas-docs/stable/reference/api/pandas.Series.html

第 3 章 Pandas 数据分析

我们先创建一个列表，再将其转换为 Series，以便了解这两种数据结构之间的差异。定义一个包含几个数字的简单 Python 列表：

`alist = [ 100, 200, 300, 400, 500 ]`。

接着，利用 pd.Series() 函数，将列表转换为 Series：

`ser = pd.Series(alist)`

```
In [2]:   1  alist = [ 100, 200, 300, 400, 500 ]

In [3]:   1  ser = pd.Series(alist)
          2  ser
Out[3]:  0    100
         1    200
         2    300
         3    400
         4    500
         dtype: int64
```

图 3.2 Pandas 的 Series 数据结构

在图 3.2 中，可以看到一维数据结构 Pandas 的 Series，简单来说，Series 就是一种容器。Series 左边是索引。索引是默认生成的。索引的概念借鉴于关系型数据库。在关系型数据库中，每条记录都有一个主键。主键是一个独特的标识符。利用主键，可以获取对应的值。Series 中的索引也是同理。不过，在 Series 中，连接数据集时可能会得到重复的数据。当我们讲到连接时，将详细探讨这一点，并讲解如何处理重复的索引值。现在，我们可以先通过一个索引来获取一个值：

`ser[1]`

以上语句将返回 200。可以利用切片表示法来抓取多个值：

`ser[1:3]`

以上语句将返回 200 和 300，这是因为在 Python 的切片表示法中，终止索引被排除在外。

Series 的底部总是显示 dtype，数据类型的标识符。和列表不同的是，Series 是同质的，只能保存数据类型相同的值。值的同质性使得 Series 的运行速度比列表快。可以用一个简单的测试来说明同质性的意义。将 ser Series 的第一个元素替换成浮点数。

```
ser[0] = 1000.1234
```

1000.1234 这个浮点数被转换为整数后，被 dtype 为 int64 的数组接受，如图 3.3 所示。也就是说，所有值都必须是相同的数据类型。如果出于某种原因，数值无法被转换为整数，那么数列将把所有数值转换为浮点数或是显示一个错误。

```
In [4]:  1  ser[0] = 1000.1234
         2  ser
Out[4]:  0    1000
         1     200
         2     300
         3     400
         4     500
         dtype: int64
```

图 3.3 Series 总是同质的

Series 有两个主要的属性，分别是索引和值。如果输入 ser.index，这条语句将返回 RangeIndex(start=0, stop=5, step=1)，意思是 Series 中有 5 个元素。索引这种形式让我们联想到了第 2 章中介绍的 range() 函数。ser.values 语句将告诉我们，值以 NumPy 数组的形式存储：array([1000, 200, 300, 400, 500])。

NumPy 是 Python 中另一个用于科学计算的核心库。虽然 NumPy 包不在本书涵盖的范围内，但我们还是会时不时地提到它。Pandas 的数据结构建立在 NumPy 数组之上，它们有相似的行为。因此，我们可以把 NumPy 的函数借来应用到 Pandas 对象上。

Series 的主要优点之一是，我们可以在整个结构上，而不是在各个项目上实现操作。这种行为称为"矢量化"。矢量化也是从 NumPy 那里继承而来的。矢量化使得 Series 比 Python 列表更快、更高效。举个例子，如果需要将 alist 中的所有项目除以 2，那么就必须使用 for 循环来进行运算：

```
for item in alist:
    newitem = item / 2
```

然而，如果这些值都存储在 Series 中，就能直接对整个容器进行运算，如图 3-4 所示。

```
In [5]:  1  ser / 2
Out[5]: 0    500.0
        1    100.0
        2    150.0
        3    200.0
        4    250.0
        dtype: float64
```

图 3.4　矢量化在 Series 中应用操作

这正是我把 Series 比作赛车的原因。for 循环操作肯定比矢量化操作要花长时间。因此，最好用 for 循环遍历 Series。这么做不仅会使降低运行速度，同时也是完全多余的。

以简单的市盈率计算为例，同样可以证明矢量操作的高效。如果不在列表中，而是在两个 Series 中分别存储股价和收益，就可以更快计算出股票的市场价格除以每股收益的结果。

分别将任意股价与对应的每股收益存储到不同的 Series 容器中，如下所示：

```
portfolio = pd.Series([30,20,45,76,34])
earnings = pd.Series([1.5,3.3,4.5,2.5,2.75])
```

然后用股价除以每股收益。其结果可以作为新的 Series 保存在 pe 变量中，如图 3.5 所示。

```
pe = portfolio / earnings
```

```
In [6]:  1  portfolio = pd.Series([30, 20, 45, 76, 34])
         2  earnings = pd.Series([1.5, 3.3, 4.5, 2.5, 2.75])
         3  pe = portfolio / earnings
         4  pe
Out[6]:  0    20.000000
         1     6.060606
         2    10.000000
         3    30.400000
         4    12.363636
         dtype: float64
```

图 3.5　两个 Series 对象之间的除法操作

如果将表达式传入 round() 函数，就可以让市盈率的计算结果只保留小数点后两位数。

```
pe = round(portfolio / earnings, 2)
```

正如我刚才提到的，Series 有两个属性：索引和值。看上去和字典结构中的键和值很相似。从某种意义上说，Series 确实和字典有不少共同点。创建新 Series 最简单的方法是把 Python 字典转换成 Pandas Series，如图 3-6 所示。

```
stocks = {"IBM":30, "ORCL":20, "MSFT":45}
portfolio = pd.Series(stock)
```

```
In [8]:  1  stocks = {"IBM":30, "ORCL":20, "MSFT":45}
         2  portfolio = pd.Series(stocks)
         3  portfolio
Out[8]:  IBM     30
         ORCL    20
         MSFT    45
         dtype: int64
```

图 3-6 将 Python 字典转换为 Series 结构

字典中的键在 Series 中被用作索引，如图 3-7 所示。可以把 Pandas Series 视为 Python 的一种特殊形式的字典。

```
In [9]:  1  portfolio.index
Out[9]:  Index(['IBM', 'ORCL', 'MSFT'], dtype='object')
```

图 3-7 字典中的字符串键是 Series 中的索引

对 Series 使用字典表示法之后，就可以向 portfolio 对象中添加更多值了。添加新的元素需要新的键值对。试着输入以下代码，向 portfolio Series 中添加更多股票代码：

```
portfolio["AAPL"] = 76
portfolio["INTC"] = 34
```

作为这一操作的结果，portfolio 对象中又新增了两个值，如图 3.8 所示。

```
In [10]:  1  portfolio["AAPL"] = 76
          2  portfolio["INTC"] = 34
          3  portfolio
Out[10]:  IBM     30
          ORCL    20
          MSFT    45
          AAPL    76
          INTC    34
          dtype: int64
```

图 3-8 利用字典表示法向 Series 添加值

本节探索 Pandas 中的一维数据结构 Series。接下来看看把几个 Series 连接在一起会得到什么。

3.2 DataFrame 数据结构

DataFrame 是一个二维数据结构。可以把它看作是结合在一起的若干个 Series。创建 DataFrame 有几种方法，本书将逐一介绍所有这些方法。我想从最简单的例子开始讲解如何从头开始构建 DataFrame。我们将用 Pandas 的内置函数 pd.DataFrame() 来初始化 DataFrame 并将其保存在 portfolio 变量中。

3.2.1 构建 DataFrame

为了保持代码的整洁，请为每个案例都新建一个 Jupyter Notebook。首先，在文件的开头处，用一个独立的单元格导入 Pandas：

```
import pandas as pd
```

在一个新的单元格中，利用 Pandas 的 DataFrame() 函数将 portfolio 变量定义为 DataFrame。

```
portfolio = pd.DataFrame()
```

如果这时候打印 portfolio 对象，是看不到任何内容的，因为 portfolio 对象是空的。需要用数据来填充容器。最直接的方法是定义几个 Series，并将它们附加到 portfolio 对象上。同样，这个例子中的数值也是我随机输入的：

```
stock_symbols = pd.Series(["IBM", "ORCL", "MSFT", "AAPL"])
stock_prices = pd.Series([116.86, 56.91, 216.51, 119.26])
number_shares = pd.Series([50, 100, 50, 100])
```

分别为这些列起名并用字典表示法将它们与值一起添加到 DataFrame 中：

```
portfolio["Symbol"] = stock_symbols
portfolio["Price"] = stock_prices
portfolio["Quantity"] = number_shares
```

我们一手打造的 DataFrame 如图 3.9 所示。

```
In [1]: 1  import pandas as pd

In [2]: 1  portfolio = pd.DataFrame()
        2  portfolio
Out[2]:

In [3]: 1  stock_symbols = pd.Series(["IBM", "ORCL", "MSFT", "AAPL"])
        2  stock_prices = pd.Series([116.86, 56.91, 216.51, 119.26])
        3  number_shares = pd.Series([50, 100, 50, 100])

In [4]: 1  portfolio["Symbol"] = stock_symbols
        2  portfolio["Price"] = stock_prices
        3  portfolio["Quantity"] = number_shares
        4  portfolio
Out[4]:
          Symbol   Price   Quantity
     0    IBM      116.86  50
     1    ORCL     56.91   100
     2    MSFT     216.51  50
     3    AAPL     119.26  100
```

图 3.9　从头开始创建数据 DataFrame

将 DataFrame 分解成小块，会发现它由 index、column 和 values 这三个属性组成，如图 3.10 所示。

```
portfolio.index
portfolio.columns
portfolio.values
```

```
In [5]: 1  portfolio.index
Out[5]: RangeIndex(start=0, stop=4, step=1)

In [6]: 1  portfolio.columns
Out[6]: Index(['Symbol', 'Price', 'Quantity'], dtype='object')

In [7]: 1  portfolio.values
Out[7]: array([['IBM', 116.86, 50],
               ['ORCL', 56.91, 100],
               ['MSFT', 216.51, 50],
               ['AAPL', 119.26, 100]], dtype=object)
```

图 3.10　DataFrame 有三个属性：索引、列和值

我们利用字典表示法向 DataFrame 添加列。DataFrame 被看作是一种特殊形式的 Python 字典。

3.2.2 DataFrame 切片

利用同样的方法，可以通过切片来把一列单独抓取出来：

`portfolio["Price"]`

和用键从 Python 字典中获取值的过程类似，我们要在方括号中传递一个字符串形式的列名，这样就只会返回一列，如图 3-11 所示。返回的列是一个 Series 对象。

```
In [8]:   1  portfolio["Price"]
Out[8]: 0    116.86
        1     56.91
        2    216.51
        3    119.26
        Name: Price, dtype: float64
```

图 3.11　切片 DataFrame 中的一列

利用将列用作键的方括号方法，我们可以拓宽列或创建新的列。另外，如果列名中有空格，也需要用到这个方法也是不可或缺的。如果是从头开始创建 DataFrame，我建议在使用两个或多个单词作为列名时，尽量不要在列的名称中使用空格。不过，有时，必须得处理由其他人创建的数据，而他们可能在列的名称中使用了空格。在这种情况下，["a column name"] 将是抓取列的惟一方法。

一如既往，为了查看 DataFrame 中的所有内置属性和方法，先对 Portfolio 对象运行 dir() 函数。可以看到，DataFrame 的属性包括 Symbol、Price 和 Quantity。也就是说，我们可以利用以下代码对 Price 列进行切片：

`portfolio.Price`

请记住，将列的方法按属性切片（如图 3.12 所示）并不会创建新的列。

```
In [9]:   1  portfolio.Price
Out[9]: 0    116.86
        1     56.91
        2    216.51
        3    119.26
        Name: Price, dtype: float64
```

图 3.12　将 DataFrame 的一列按属性切片

想要抓取多个列的话，需要将多个列名作为列的名称传入方括号中，如图 3.13 所示。

```
portfolio[ ["Symbol","Quantity"] ]
```

```
In [10]:   1  portfolio[ ["Symbol","Quantity"] ]
Out[10]:
      Symbol  Quantity
   0    IBM        50
   1   ORCL       100
   2   MSFT        50
   3   AAPL       100
```

图 3.13　切分数据框架的多个列

如前所述，可以使用方括号表示法和属性名来创建新的列。但要是还没有得到列的值，该怎么办呢？这不成问题。我们可以用 0 或空字符串创建一个空的列，作为未来要添加的值的占位符。举个例子，我们想为 portfolio 中每只股票的买入成本新建一列，将这一列命名为 Cost，因为我们并没有实际的数据，所以用 " " 作为占位符：

```
portfolio["Cost"] = " "
```

以上语句将创建一个空的列，供以后使用，如图 3.14 所示。

```
In [11]:   1  portfolio["Cost"] = " "

In [12]:   1  portfolio
Out[12]:
      Symbol   Price  Quantity  Cost
   0    IBM   116.86       50
   1   ORCL    56.91      100
   2   MSFT   216.51       50
   3   AAPL   119.26      100
```

图 3.14　使用方括号表示法来创建空的列

请记住，随时可以在同一个列名下重新分配数值。只需要以一维结构存储的每股成本数据即可。前文中，我们用 Series 向 DataFrame 添加了值。其实，列表或元组也能完成同样的任务。从不同的来源收集数据时，大多数情况下都会用列表作为临时结构来保存数值。只要确保该结构的长度与 DataFrame 中的行数一致。现在，试着通过重新赋值将这些值添加到 portfolio DataFrame 中：

```
portfolio["Cost"] = [115.25, 55.00, 210.30,105.75]
```

图 3.15 显示了包含更新值的 Cost 列。

```
In [13]:   1  portfolio["Cost"] = [115.25, 55.00, 210.30,105.75]

In [14]:   1  portfolio
Out[14]:
      Symbol  Price  Quantity   Cost
   0     IBM  116.86      50  115.25
   1    ORCL   56.91     100   55.00
   2    MSFT  216.51      50  210.30
   3    AAPL  119.26     100  105.75
```

图 3.15　通过重新赋值更新列中的值

在本章的前面部分中，我们在两个 Series 之间进行了矢量操作。每一列代表着一个 Series，因此可以在列之间进行矢量计算。用特定股票的价格乘以其数量，就可以得到这只股票的总价值。我们可以将结果保存在名为 Amount 的新列中，如图 3.16 所示。

```
portfolio["Amount"] = portfolio["Price"] * portfolio["Quantity"]
```

```
In [15]:   1  portfolio["Amount"] = portfolio["Price"] * portfolio["Quantity"]

In [16]:   1  portfolio
Out[16]:
      Symbol  Price  Quantity   Cost   Amount
   0     IBM  116.86      50  115.25   5843.0
   1    ORCL   56.91     100   55.00   5691.0
   2    MSFT  216.51      50  210.30  10825.5
   3    AAPL  119.26     100  105.75  11926.0
```

图 3.16　计算一只股票的总价值的矢量操作

与此类似，还可以计算每支所持股票的盈利以及亏损。这次用的语法稍有不同，要将列名用作 DataFrame 的属性，如图 3-17 所示。Python 遵循数学运算顺序，因此，我们先在圆括号内计算每股的盈亏，再将其结果乘以股票的数量：

```
portfolio["Profit"] = (portfolio.Price-portfolio.Cost)*portfolio.Quantity
```

图 3.17　计算盈亏，将列作为 DataFrame 的属性来抓取

DataFrame 默认就带有索引。但我们可以重新分配索引。股票代号（symbol）是惟一的，可以被作为索引使用。想将列的值用作索引的话，需要对该列进行切片，并将其指定为索引：

```
portfolio.index = portfolio.Symbol
```

图 3.18　将索引重新设置为 Symbol 列的值

重新分配索引后，portfolio DataFrame 中的索引值就和 Symbol 列的值一样了。为区分索引和 Symbol 列，Pandas 在列名下的下一行打印索引名称，如图 3.18 所示。

目前为止，我们一直在向 DataFrame 添加新的列。如果想要删除不需要的列，可以使用 drop() 方法。DataFrame 的方法比在列表或元组中的更繁杂。我建议首先用 help() 函数来确认一下方法能接受的各种参数：

```
help(portfolio.drop)
```

你可能已经注意到，Pandas 的开发者很贴心地提供了关于函数和方法的信息以及相关示例。Drop() 方法接受以下关键字参数。

```
drop(labels=None, axis=0, index=None, columns=None, level=None,
inplace=False, errors='raising')
```

每个方法接收的参数都是不一样的。不过，有几个参数是 Pandas 所有方法都有的，比如 axis 和 inplace。

DataFrame 有两个 axis，分别是行和列，如图 3.19 所示。drop() 命令或其他各种 DataFrame 方法都可以对行或列应用。默认情况下，axis 被设置为 rows 或 0。如果在不更改默认设置的情况下，试着从 DataFrame 中删除 Symbol 列的话，会得到一个错误"Symbol not found in axis"（在坐标轴上未找到 Symbol）。这是因为，在默认设置下，drop() 方法会在索引值中寻找 Symbol 这个名字。Pandas 提供了两个更改选择，要么将关键字参数设置为 1，要么设置为 columns。

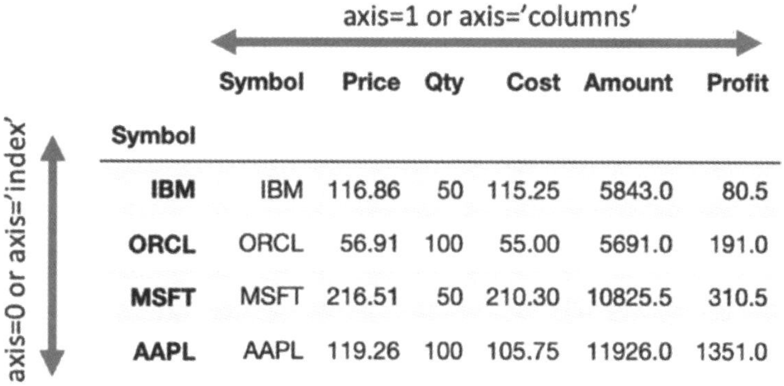

图 3.19　0 或 index 指代行，而 1 或 columns 指代列

不过，如果想删除一行，比如想删去 IBM 那一行，就应该保持 axis 的默认设置不变，或者将 index 赋给 axis。使用 DataFrame 方法时，要关注 axis 的设置。

DataFrame 的方法中的另一个通用参数是 inplace 参数。当应用像 drop() 这样的方法来从 DataFrame 中移除一列时，对象就发生了改变。对对象的更改要保存下来。将 inplace 设置为 True 即可保存这些改变。inplace 参数决定了是否直接对原始对象进行修改。因此，如果 inplace 被设置为 True，就无需再把表达式分配给一个变量来保存这些改动了。

inplace 可以被设置为 True 或 False。在某种意义上，你可以把 inplace 看作一个保存按钮。drop() 方法将删去一列，并在 inplace = True 作用下在原始对象内保存改动。

有时，可能会不小心跳过 inplace = True 这一步。那么在这种情况下，drop() 方法还会删去一列吗？答案是肯定的，但对象可能会出问题。所以，在应用一个方法并且需要保留变化时，最好将 inplace 关键字参数设置为 True。

好了，现在可以从 DataFrame 中删除 Symbol 列：

```
portfolio.drop(labels="Symbol", axis=1, inplace=True)
```

请确保 drop() 语句是在单独的单元格中运行的，并且只能运行一次，如图 3.20 所示。新手常犯的错误是反复运行单元格，并收到 "not found in axis" 的错误提示。如果重复运行 drop() 命令的话，它将无法找到 Symbol 列。因为 Symbol 列已经消失，不再是 DataFrame 的一部分。

```
In [22]:  1  portfolio.drop(labels="Symbol", axis=1, inplace=True)

In [23]:  1  portfolio

Out[23]:
        Price  Quantity   Cost   Amount  Profit
Symbol
IBM    116.86        50  115.25  5843.0    80.5
ORCL    56.91       100   55.00  5691.0   191.0
MSFT   216.51        50  210.30 10825.5   310.5
AAPL   119.26       100  105.75 11926.0  1351.0
```

图 3.20　drop 方法删去了 Symbol 列

到目前为止，我们一直在处理 DataFrame 的列。其实，与列一样，行和值也是可以切分的。有两种方法可以获取一个或多个行，分别是 loc 和 iloc。

Loc 代表的是位置（location）。loc 方法需要标签，而 iloc 则需要行的索引。应该很容易看出，iloc 方法中的 i 指的是索引（index）。loc 和 iloc 的作用是相同的。

假设我们要从 portfolio 中获取 MSFT 的行，MSFT 是一个索引值的标签。实际上的索引值是 2。索引从 0 开始计数。IBM 是 0，ORCL 是 1，MSFT 则是 2。如果想使用标签的话，可以输入以下 loc 语句：

```
portfolio.loc["MSFT"]
```

iloc 则需要一个整数作为索引，输入以下语句可以得到和 loc 语句相同的结果：

```
portfolio.iloc[2]
```

与其他 DataFrame 不同的是，loc 和 iloc 使用的是方括号，如图 3.21 所示。

```
In [24]:   1 portfolio.loc["MSFT"]
Out[24]: Price         216.51
         Quantity       50.00
         Cost          210.30
         Amount      10825.50
         Profit        310.50
         Name: MSFT, dtype: float64

In [25]:   1 portfolio.iloc[2]
Out[25]: Price         216.51
         Quantity       50.00
         Cost          210.30
         Amount      10825.50
         Profit        310.50
         Name: MSFT, dtype: float64
```

图 3.21　利用 loc 和 iloc 获取 MSFT 行

Python 的切片法可以应用于带有 loc 和 iloc 的 DataFrame。惟一的区别在于，loc 会包含终止点，而在 iloc 中，不包含终止索引。这就是为什么在获取 ORCL 和 MSFT 的两行时，在 loc 变量中的终止点是 MSFT，而 iloc 表达式中的终止点则是 MSFT 的索引值加 1，如图 3.22 所示。

```
portfolio.loc["ORCL": "MSFT"]
portfolio.iloc[1:3]
```

图 3.22　利用 loc 和 iloc 来对行进行切分

在现实生活中，一个 DataFrame 中可能包含有成千上万的列，而有时你可能只需要获取数据的子集。从 DataFrame 中获取子集需要用到以逗号分隔的行和列的索引。行总是排在前面的那个。这个方法和 00Python 的切片表示法有些相似：

[start : stop : step , start : stop : step]。

和 Python 一样，步长是可选的，默认设置为 1。请注意，loc 方法需要索引和列的标签。

接着，从 ORCL 和 MSFT 的 Price 和 Quantity 这两列中获取数值，大致代码如下所示：

```
portfolio.loc["ORCL": "MSFT", "Price": "Quantity"]
portfolio.iloc[1:3, 0:2]
```

在图 3.23 中，可以看到这两种方法得到的结果相同。

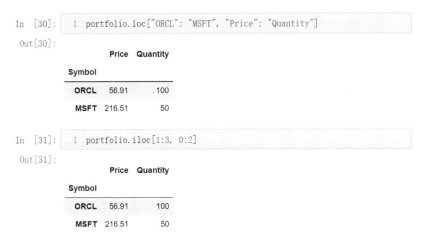

图 3.23　用 loc 和 iloc 创建子集

还可以先对列进行切片，然后再应用 loc 或是 iloc。举个例子，以下两条语句都可以从 Price 和 Profit 这两列中获取 MSFT 和 AAPL 的值：

```
portfolio[["Price", "Profit"]].loc["MSFT": "AAPL"]
portfolio[["Price", "Profit"]].iloc[2 : ]
```

在 iloc 中，为了得到索引 2 之后的所有行，我们并没有填写终止索引，如图 3.24 所示。

```
In [32]:  1  portfolio[["Price", "Profit"]].loc["MSFT": "AAPL"]
Out[32]:
                Price   Profit
        Symbol
          MSFT  216.51   310.5
          AAPL  119.26  1351.0

In [33]:  1  portfolio[["Price", "Profit"]].iloc[2 : ]
Out[33]:
                Price   Profit
        Symbol
          MSFT  216.51   310.5
          AAPL  119.26  1351.0
```

图 3.24　用 loc 方法和 iloc 方法创建列的子集

3.2.3　筛选 DataFrame

相比之前用 for 循环和 if 语句所进行的筛选，Pandas 中的筛选要高效得多。我们先从一个简单的练习开始。我们的目标是筛选 portfolio，并找出其中所有价格低于 100 美元的股票。

首先，用字典表示法 portfolio["Price"] 或 portfolio.Price 来抓取 Price 列并定义一个条件：

```
portfolio.Price < 100
```

运行这条语句后，将返回一些布尔值，如图 3.25 所示。

```
In [34]:  1  portfolio.Price < 100
Out[34]: Symbol
         IBM     False
         ORCL    True
         MSFT    False
         AAPL    False
         Name: Price, dtype: bool
```

图 3.25　为筛选器定义一个条件

筛选器成功运行，但显然，我们还想获取包括股价在内的更多信息。这可以通过将筛选器应用于整个 DataFrame 来解决。以下代码将返回一整行的信息：

```
portfolio[portfolio.Price < 100]
```

还可以选择将条件应用于某一列或某几列。具体来说，想要知道有多少股价低于 100 的股票的话，就需要切分 Quantity 列并应用筛选器：

```
portfolio.Quantity[portfolio.Price < 100]
```

这是个根据一列来筛选另一列的例子。正如图 3.26 所示，第一条语句获取了一整行，而第二条语句只返回一个值。

图 3.26　筛选 DataFrame

这样做的话，就无需在数值之间进行迭代，也没有必要使用 if 语句和 else 语句。同样，我们可以像前面那样用条件运算符来组合条件。在 Pandas 中，& 运算符相当于 Python 中的 and 运算符。使用 & 运算符时，两个条件都必须是 True 才能返回结果。假设我们想找出价格低于 200 美元并且股票数量正好是 50 的所有股票，就可以将这两个条件用于以下代码组合：

```
(portfolio.Price < 200) & (portfolio.Quantity == 50)
```

然后，将筛选器应用于 DataFrame：

```
portfolio[(portfolio.Price < 200) & (portfolio.Quantity == 50)]
```

请注意，每个条件都必须用圆括号。显而易见，portfolio 中只有一只股票同时满足这两个条件，如图 3.27 所示。

```
In [34]:  1  portfolio[(portfolio.Price < 200) & (portfolio.Quantity == 50)]
Out[34]:
             Price   Quantity   Cost   Amount   Profit
    Symbol
       IBM  116.86        50   115.25  5843.0    80.5
```

图 3.27　根据两个条件筛选 DataFrame

Pandas 中还有一个条件运算符 |，它相当于 Python 中的 or 运算符 | 会在其中一个条件为 True 时进行筛选。现在，我们想对 DataFrame 进行筛选，找出所有价格大于 200 美元或买入成本为 55 美元的股票。首先，在括号中列出每个条件，然后将其应用于 portfolio：

```
portfolio[(portfolio.Price > 200) | (portfolio.Cost == 55)]
```

如图 3.28 所示，有两只股票符合我们的条件，分别是成本正好等于 55 的 ORCL 以及股价高于 200 的 MSFT。

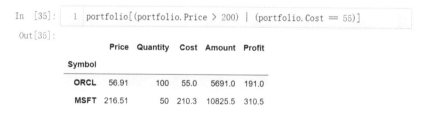

图 3.28　筛选出满足条件之一的股票

筛选非常实用，但如果想根据一个条件对一个值做些什么的话，该怎么办呢？

3.3　Pandas 中的逻辑运算

需要根据条件进行操作时，就该轮到逻辑运算出马了。如果一个条件为 True，就对值进行一些处理。Pandas 中，可以用三种不同的方法来进行逻辑运算。首先，来探索一下我最喜欢的 Lambda。

Lambda 是 Python 的一个匿名函数,换句话说,就是像表达式一样运作的没有名字的函数。初学者通常会觉得 Lambda 有点难以理解,但请相信我,它并不难。只要掌握了语法并练习几次 Lambda 语法,你就会明白我为什么这么认为了。

我从单表达式的 lambda 开始讲。假设我们要把 portfolio 中每只股票的持有数量增加一倍。最简单高效的方法是用 portfolio.Want * 2 语句。但为了展示 Lambda 的使用方法,我要采取不同的手段。一个代替矢量操作的方法是挨个处理 Quantity 列中的数值,让每个数值与自己相加。这听起来像是个迭代操作。最好避免使用会减慢进程的 for 循环来进行迭代。效率最高的方法是用 apply() 方法在 Series 中进行迭代。官方文档中表明,apply() 方法接受另一个函数,并将其应用于每一列中所有的值上。[②] 为了使股份数量的翻倍,我们要编译一个函数,并将其传入 apply() 方法。

首先,定义一个简单的函数,从 Quantity 列中的每一行中获取所持股票数量,并让它们与自己相加。

```
def double(num_shares):
    return num_shares + num_shares
```

有了函数后,接下来把它应用于 portfolio.Want 的每个值上:

```
portfolio.Quantity.apply(double)
```

请记住,将一个函数用作 map()、filter() 或 apply() 等的辅助函数时,不需要在最后加上括号。这就是为什么 apply() 方法中的 double 函数被写作 apply(double) 的原因。在图 3.29 中,可以看到每只股票的数量都增加了一倍。

```
In [36]:  1  def double(num_shares):
          2      return num_shares + num_shares
          3
          4  portfolio.Quantity.apply(double)

Out[36]: Symbol
         IBM     100
         ORCL    200
         MSFT    100
         AAPL    200
         Name: Quantity, dtype: int64
```

图 3.29 将 double 函数应用于该序列所有的值上

---

② https://pandas.pydata.org/pandas-docs/stable/reference/api/pandas.DataFrame.apply.html

通常情况下，我们是为了反复使用一个函数而定义它的。我怀疑没有别的地方会用到 double 函数。那么，有更好的方法吗？答案是肯定的：我们可以用 lambda 来替代函数。

编写 lambda 表达式时，需要记住几个要点。首先，总是以 lambda 关键字开头。在 lambda 中，有着由冒号字符分隔的两个部分。要在第一部分中定义一个或多个变量，也就是传入 lambda 的内容。在第二部分中则要构建一个表达式，也就是 lambda 作为结果返回的东西，如图 3.30 所示。

图 3.30　lambda 语法

不必使用返回操作符，因为 lambda 总是会返回结果。请记住，lambda 必须在函数中使用，或是能作为表达式被分配给一个变量。现在，尝试把 double 函数用 lambda 表达式的形式呈现出来：

```
lambda num_shares : num_shares + num_shares
```

这个表达式可以取代 apply() 方法中的 double 函数：

```
portfolio.Quantity.apply(lambda num_shares : num_shares + num_shares)
```

如果想保存该操作的结果，我们可以将其分配到新建的列中，如图 3.31 所示。

图 3.31　将股票数量翻倍并将结果保存在新建的这一列名下

lambda 可以与 if 语句和 else 语句一起使用，其语法如图 3.32 所示。

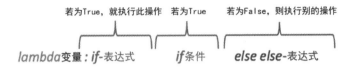

图 3.32 带有 if 和 else 条件的 lambda 语法

有了基于 if 和 else 条件返回结果的 lambda 后，就可以对一个 Series 或整个 DataFrame 进行逻辑操作了。举例来说，我们可以根据价格提供购买或出售股票的建议。比方说，如果股票价格低于 118 美元，就在新建的 Rating 列中写下买入。如果股价大于等于 118 没有，就在 Rating 列中写下 Sell。在 apply() 方法中的 lambda 表达式如下所示：

```
lambda stock_price : "Buy" if stock_price < 118 else "Sell"
```

同样，stock_price 是一个记录了准确数值的变量。接下来要做的是将 lambda 表达式传入 apply() 方法，并将结果保存在 Rating 列中：

```
portfolio["Rating"] = portfolio.Price.apply(lambda stock_price : "Buy" if stock_price < 118 else "Sell")
```

if 和 else 语句应用于 Price 列的所有值，Rating 列保存的是基于这两条语句所得到的结果，如图 3.33 所示。

```
In [39]:  1 portfolio["Rating"] = portfolio.Price.apply(lambda stock_price : "Buy" if stock_price < 118 else "Sell")
In [40]:  1 portfolio
Out[40]:
```

Symbol	Price	Quantity	Cost	Amount	Profit	New_Quantity	Rating
IBM	116.86	50	115.25	5843.0	80.5	100	Buy
ORCL	56.91	100	55.00	5691.0	191.0	200	Buy
MSFT	216.51	50	210.30	10825.5	310.5	100	Sell
AAPL	119.26	100	105.75	11926.0	1351.0	200	Sell

图 3.33 应用了 if 和 else 语句的 lambda

我知道，要想掌握 lambda 表达式，需要花很多时间和精力，所以在本章的后面，我将介绍更多运用了 lambda 的实践案例。

对 DataFrame 进行逻辑运算的另一种方式是使用 loc，语法如下所示：

第 3 章　Pandas 数据分析

```
DataFrame.loc[ if condition, new column to save result ] =result
```

比方说，我们想计算每股的盈利或亏损。如果 Price 列中的值大于 Cost 列中的值，就从当前价格中减去买入成本。计算结果将存储在新建的一列中。我们将新建的列命名为 PL_per_share，如图 3.34 所示。具体的逻辑语句如下所示：

```
portfolio.loc[portfolio.Price > portfolio.Cost, "PL_per_share"]
=portfolio.Price- portfolio.Cost
```

	Price	Quantity	Cost	Amount	Profit	New_Quantity	Rating	PL_per_share
Symbol								
IBM	116.86	50	115.25	5843.0	80.5	100	Buy	1.61
ORCL	56.91	100	55.00	5691.0	191.0	200	Buy	1.91
MSFT	216.51	50	210.30	10825.5	310.5	100	Sell	6.21
AAPL	119.26	100	105.75	11926.0	1351.0	200	Sell	13.51

图 3.34　利用 loc 方法进行逻辑运算

第三种进行逻辑运算的方法是利用 NumPy 函数 where()。Pandas 是以 NumPy 为基础建立的，并且 NumPy 数组数据结构是 Series 和 DataFrame 的核心。这意味着我们可以从 NumPy 包中把一些函数接过来在 Pandas 中使用。我们还没有将 NumPy 库导入到文件中，所以要回到开头处，并到 Pandas 导入下的那个单元格中导入 NumPy。不要忘记重新运行该单元格。

```
import numpy as np
```

where() 函数属于 NumPy，因此需要通过以下方式来使用：

```
np.where()
```

接着，运行以下语句以阅读描述并查看 where() 所接受的所有参数：

```
help(np.where)
```

正如文档中所提到的，where() 需要一个条件，并且它将提供两个结果。如果条件返回 True，第一个结果将被执行，如果条件返回 False，另一个结果将被执行。

现在来尝试练习 where() 函数的用法。如果 PL_per_share 的值大于 5 美元，

where() 函数就返回 True。否则，where() 就返回 False。将结果存储新建的 greater_five 这一列中。根据对 where() 的描述，我们可以将这个逻辑表达式编译如下：

```
portfolio["greater_five"] = np.where(portfolio.PL_per_share > 5,True,
False)
```

从图 3.35 中可以看出，where() 函数完美地完成了任务。如果每股利润大于 5 美元，新建的 greater_five 列中就会显示 True。

	Price	Quantity	Cost	Amount	Profit	New_Quantity	Rating	PL_per_share	greater_five
Symbol									
IBM	116.86	50	115.25	5843.0	80.5	100	Buy	1.61	False
ORCL	56.91	100	55.00	5691.0	191.0	200	Buy	1.91	False
MSFT	216.51	50	210.30	10825.5	310.5	100	Sell	6.21	True
AAPL	119.26	100	105.75	11926.0	1351.0	200	Sell	13.51	True

图 3.35 利用 npwher 函数进行逻辑运算

利用 where() 函数，可以进行比布尔值结果更复杂的运算。

沿用上一个例子中的逻辑，如果 PL_per_share 小于 5 美元，就加仓那只股票。如果条件语句返回 True，那么就用每股价格乘以 New_Qty 的值。用这个操作的结果更新 Amount 列中的值。而如果 PL_per_share 值大于 5 美元，就不对那只股票进行任何操作，使其金额保持不变：

```
portfolio["Amount"] = np.where(portfolio.PL_per_share < 5,portfolio.Price
* portfolio.New_Qty, portfolio.Amount )
```

由于只有 IBM 和 ORCL 的 PL_per_share 小于 5 美元，所以只有它们的 Amount 被更新了，如图 3.35 所示。

在这三种方法中，我更喜欢 lambda 和 where() 函数。使用 loc 方法时，需要对每个 if 条件进行单独声明。不过，如果想设置更多的条件，能同时测试 if 和 else 条件以及更多 if 条件的 loc 方法可能更适用。

我想，理论知识已经讲得足够多了，是时候处理现实生活中的场景了。我们将从以下网址获取数据：www.sectorspdr.com/sectorspdr/。

3.4 从 CSV 文件中读取数据

Sectorspdr.com 提供了按行业划分的标普 500 指数中公司的实时数据。每个板块代表一个 ETF（交易型开放式指数基金）。如果你对金融不感兴趣的话，不必担心，这里不会涉及太多专业的金融知识。我们要做的是以 DataFrame 的形式读取一些相关数据。我们要清洗数据并对其进行分析。我之所以选择 Sectorspdr.com 网站，是因为这个网站提供的数据是 CSV 文件，可以直接在网上读取，不需要下载回来。

我们将抓取 XLF（追踪标普金融行业指数的 ETF）的 CSV 文件。可以从以下网址获取数据：www.sectorspdr.com/sectorspdr/sector/xlf/index。因为 Sectorspdr.com 网站上可能会发生变化，又因为没准儿你想分毫不差地按照我的步骤进行联系，所以，我把这里用到的数据上传到了我的服务器中。我从 Sectorspdr.com 下载的 CSV 文件，你可以在以下网址找到它：https://bit.ly/bookcsvxlf。

图 3.36 中的两个绿色按钮分别用于下载 CSV 或 Excel 格式的数据。这个页面中包含着 XLF 基金中的所有金融公司以及它们在指数中的权重。我们将从网站上读取这些信息并对其进行分析。一个选择是单击绿色按钮，将数据下载到电脑上，然后用 Pandas 函数 read_csv() 以 DataFrame 的形式打开它。Pandas 可以读取不同格式的数据。我们将在第 4 章中进一步讨论收集数据的问题。最流行的格式是 CSV 和 xlsx。read_csv() 函数和 read_excel() 函数的主要优点是它们返回一个 DataFrame。如果输入 help(pd.read_csv)，查看 ad_csv() 函数的描述的话，你会发现可以直接从云端打开 CSV 文件，完全不必下载。想从服务器上直接打开它的话，只需要复制其 URL 并将它直接传入 opd.read_csv() 中。

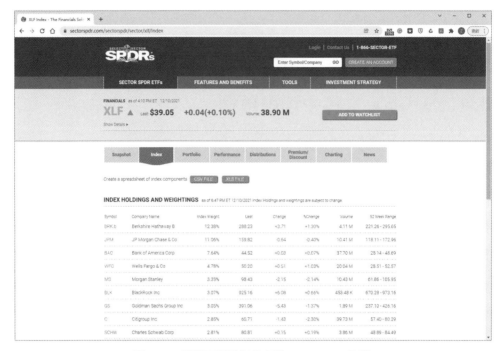

图 3.36　提供下载数据选项的 Sectorspdr 网站

我们需要为这个练习新建一个 Jupyter 文件，并在第一个单元格中导入 pandas。

```
import pandas as pd
```

有两种从网站上获取信息的方法。第一种是单击鼠标右键并选择"复制链接地址"来复制 URL。这样做的话，可以从 Sectorspdr.com 获取最新的数据。另一种方法是使用我服务器中的下载文件链接。这两种方法分别对应于如下代码：

```
url = "https://www.sectorspdr.com/sectorspdr/IDCO.Client.Spdrs.Index/Export/ExportCsv?symbol=xlf"
file = pd.read_csv(url, skiprows=1)
```

或者：

```
url = "https://bit.ly/bookcsvxlf"
file = pd.read_csv(url, skiprows=1)
```

无论运行哪段代码，都应该会看到如图 3.37 所示的 DataFrame。

第 3 章　Pandas 数据分析

```
In [1]:  1  import pandas as pd

In [2]:  1  url = "https://bit.ly/bookcsvxlf"
         2  file = pd.read_csv(url, skiprows=1)
         3  file.head()
```

Out[2]:

	Symbol	Company Name	Index Weight	Last	Change	%Change	Volume	52 Week Range	Unnamed: 8
0	AFL	AFLAC Inc	0.93%	42.86	-0.14	-0.33%	5.55 M	23.07 - 55.07	NaN
1	AIG	American Intl Group Inc	1.08%	38.55	0.13	+0.34%	6.27 M	16.07 - 56.42	NaN
2	AIZ	Assurant Inc	0.26%	135.62	-2.97	-2.14%	342.50 K	76.27 - 142.61	NaN
3	ALL	Allstate Corp	1.02%	100.07	0.70	+0.70%	2.52 M	64.13 - 125.92	NaN
4	AMP	Ameriprise Financial Inc	0.72%	183.33	-0.90	-0.49%	446.33 K	80.01 - 188.57	NaN

图 3.37　从网络中读取 CSV 文件

skiprows 关键字参数的作用是跳过原始文件的第一行。有的文件自带时间戳或标题，在分析时是用不到的。xlf.csv 文件中的第一行是时间戳，它会扰乱 DataFrame 的格式。你可以试着删去 skiprows=1 语句，然后再运行单元格，看看没有 skiprows 的 DataFrame 会是什么样子。

在图 3.37 的第 3 行，我使用了 head() 方法。大多数情况下，屏幕上无法显示太多数据，并且 Pandas 无法渲染整个数据集。head() 和 tail() 方法分别可以显示前五行或最后五行。如果想要显示更多的行，可以将行数作为参数传入 head() 或 tail() 中。比如，想要查看前 20 行的话，可以输入以下语句：

```
file.head(20)
```

我每次处理新的数据集时，都会先运行 DataFrame 的 info() 方法：

```
file.info()
```

info() 方法返回了有关 file 对象的所有信息，如图 3.38 所示。首先，可以看到 DataFrame 有 65 行。它占用了 4.7 KB 的内存。但更为重要的是，info() 方法提供了每一列中包含了的数值的数据类型。包含了数值的只有三列：Last、Change 和 Unnamed。其他所有列都有的数据类型都是 object。object 类型意味着非数值数据类型，大部分是字符串。在 Index Weight 列或 Volume 列上无法使用数学运算，因为它们包含字符串。如果打算对这些列进行计算的话，需要先把这些值转换为浮点数。

```
In [3]:  1  file.info()

<class 'pandas.core.frame.DataFrame'>
RangeIndex: 65 entries, 0 to 64
Data columns (total 9 columns):
 #   Column        Non-Null Count  Dtype
---  ------        --------------  -----
 0   Symbol        65 non-null     object
 1   Company Name  65 non-null     object
 2   Index Weight  65 non-null     object
 3   Last          65 non-null     float64
 4   Change        65 non-null     float64
 5   %Change       65 non-null     object
 6   Volume        65 non-null     object
 7   52 Week Range 65 non-null     object
 8   Unnamed: 8    0 non-null      float64
dtypes: float64(3), object(6)
memory usage: 4.7+ KB
```

图 3.38　info() 方法提供了 DataFrame 的信息

在开始进行数据分析之前，要先对数据集进行清洗。Unnamed: 8 这一列的 NaN 的意思是非数字（Not a number），也就是说，其中不包含数值。不包含数值的列对我们毫无用处，因此要用 drop() 方法将其删去：

file.drop("Unnamed: 8", axis=1, inplace=True)

正如前面提过的那样，要把 drop() 放在单独的单元格中，并且只能运行一次。在运行 drop() 之后，Unnamed: 8 这一列就消失了，如图 3.39 所示。

```
In [4]:  1  file.drop("Unnamed: 8", axis=1, inplace=True)

In [5]:  1  file.head()
```

Out[5]:

	Symbol	Company Name	Index Weight	Last	Change	%Change	Volume	52 Week Range
0	AFL	AFLAC Inc	0.93%	42.86	-0.14	-0.33%	5.55 M	23.07 - 55.07
1	AIG	American Intl Group Inc	1.08%	38.55	0.13	+0.34%	6.27 M	16.07 - 56.42
2	AIZ	Assurant Inc	0.26%	135.62	-2.97	-2.14%	342.50 K	76.27 - 142.61
3	ALL	Allstate Corp	1.02%	100.07	0.70	+0.70%	2.52 M	64.13 - 125.92
4	AMP	Ameriprise Financial Inc	0.72%	183.33	-0.90	-0.49%	446.33 K	80.01 - 188.57

图 3.39　从 DataFrame 中将 Unnamed: 8 列删去

接下来，将展示如何把一个列的数据类型转换为数值。假设我们想将 Index Weight 列中的所有数值相加，检验是否能得到 100%。info() 方法表明，Index Weight 列中的值是字符串。我们要将字符串转换为浮点数。你可能会觉得这轻而易举。不过，在开始转换前，要去掉 % 符号，不然会得到一个错误提示，因为特殊字符无法被转换为数值。现在，先把这一列切片并对其运行 dir() 函数，看看这个 Series 中内置了哪些方法。因为列的名称中有个空格，所以我们不得不使用字典表示法：

```
dir(file["Index Weight"])
```

下拉列表，浏览所有属性，可以看到包含字符串方法的 str 模块。如果在 dir() 函数中输入 str，就可以看到所有这些字符串方法了：

```
dir(file["Index Weight"].str)
```

有许多方法和 Python 的字符串对象中看到的方法是一样的。尽管这些方法的名字与 Python 字符串方法相匹配，但它们都是为一维结构 Series 设计的。这些方法与 Python 的常规字符串方法的实现手段不同。这些方法被设计为应用于整个 Series，而不是挨个应用到字符串值上。

Index Weight 列包含带有 % 符号的数字。我们需要去掉所有的 % 符号。这听起来像要对该列进行迭代。如果要处理的是列表，我们会用 for 循环并利用 strip() 字符串方法一个一个地删除 % 符号。但如果使用 str.strip() 方法的话，就不需要进行迭代，因为它来自 Series 对象本身。需要说清楚的是，strip() 和 str.strip() 这两个方法要达到的最终效果是一样的，但 strip() 方法是挨个处理数据，而 str.strip() 方法则会通过 Series 完成。为了在将数值转换为数字数据类型之前去除所有 % 符号，请输入以下语句：

```
file["Index Weight"].str.strip("%")
```

str.strip() 成功地清除了所有值中的 % 符号，如图 3.40 所示。

```
In [6]:  1  file["Index Weight"].str.strip("%")
Out[6]: 0    0.93
        1    1.08
        2    0.26
        3    1.02
        4    0.72
             ...
        60   0.63
        61   0.30
        62   0.32
        63   2.09
        64   0.31
        Name: Index Weight, Length: 65, dtype: object
```

图 3.40　利用 Series 的 strstrip 方法删去所有值中的 % 符号

我们已经成功了一半。现在要做的是将字符串值转换成数字数据类型。将一种数据类型转换为另一种的方法有好几种。这里，我们可以将 Pandas 的 pd.to_numeric() 函数应用于 Series 中的所有数值，如下所示：

```
file["Index Weight"].str.strip("%").apply(pd.to_numeric)
```

或者也可以使用 Series 的 type() 方法，并将浮点数据类型作为参数传递：

```
file["Index Weight"].str.strip("%").astype(float)
```

无论采用哪种方法把字符串转换为 Pandas 中的浮点数，结果都是一样的。我们需要把结果存储下来，因此，我将把以上语句分配给新建的列 IW：

```
file["IW"] = file["Index Weight"].str.strip("%").astype(float)
```

尽管 Index Weight 和 IW 两列中的数字是一样的，但在后者中，我们可以进行数学计算和筛选，如图 3.41 所示。

```
In [7]:  1  file["IW"] = file["Index Weight"].str.strip("%").astype(float)
In [8]:  1  file.head()
Out[8]:
```

	Symbol	Company Name	Index Weight	Last	Change	%Change	Volume	52 Week Range	IW
0	AFL	AFLAC Inc	0.93%	42.86	-0.14	-0.33%	5.55 M	23.07 - 55.07	0.93
1	AIG	American Intl Group Inc	1.08%	38.55	0.13	+0.34%	6.27 M	16.07 - 56.42	1.08
2	AIZ	Assurant Inc	0.26%	135.62	-2.97	-2.14%	342.50 K	76.27 - 142.81	0.26
3	ALL	Allstate Corp	1.02%	100.07	0.70	+0.70%	2.52 M	64.13 - 125.92	1.02
4	AMP	Ameriprise Financial Inc	0.72%	183.33	-0.90	-0.49%	446.33 K	80.01 - 188.57	0.72

图 3.41　将 Index Weight 列中的字符串转换为数值，并将结果保存在 IW 列中

表 3.1 展示了 Pandas 中的聚合方法。

表 3.1　Pandas 中的聚合方法

方法	定义
sum()	计算数值的和
mean()	计算数值的中位数
count()	计算行数
std()	计算标准差
var()	计算数值的方差
min()	计算一组数值中的最小值
max()	计算一组数值中的最大值

max() 方法的作用是获得该列中所有数值的总和：

```
file.IW.sum()
```

min() 方法和 max() 方法分别获得 Series 中的最小值和最大值：

```
file.IW.min()
file.IW.max()
```

通过筛选，可以从 DataFrame 中获取标普 500 金融指数 XLF 中股价最低和股价最高的公司。

```
file[file.IW == file.IW.min()]
file[file.IW == file.IW.max()]
```

可以看出，保险公司 Unum Group[3] 的股价最低，而 Berkshire Hathaway[4] 是 XLF 指数中股价最高的，如图 3.42 所示。

---

[3] 译注：优那姆集团，位于特拉华州，主要为美国公司的员工提供残疾保险、团体人寿保险和自愿性福利。自 2016 年以来，该公司就一直在使用机器人过程自动化来帮助联络中心实现管理任务自动化。该公司 2021 年 Q4 财报实现营收 29.79 亿美元。

[4] 译注：伯克希尔·哈撒韦，成立于 1956 年，巴菲特创办的以保险为主业的多文化投资集团，2022 年全球市值 100 强上市公司中位列第 7 位，股票市值 7800 亿美元，市值 5880 亿美元。

图 3.42　筛选指数中股价最低和最高的公司

在 str 模块中，另一个值得注意的方法是 contains()。contains() 方法有助于查找文本中的子串。为了说明其作用，我们将做一个简单的练习。在 DataFrame 中，大多数公司的公司名称中都有 Group 或 Corp 字样。假设我们想比较在 XLF 指数中，Group 和 Corp 哪个比较多。为了找出答案，首先要对 Company Name 列进行筛选：

```
file["Company Name"].str.contains("Group")
```

以及：

```
file["Company Name"].str.contains("Corp")
```

这些语句会返回 True 或 False。和前文中的做法一样，我们还是可以将这些语句应用于整个 file 对象，然后使用 count() 方法：

```
file[file["Company Name"].str.contains("Group")].count()
file[file["Company Name"].str.contains("Corp") ].count()
```

count() 方法的作用是将每一列中符合筛选条件的行数累计起来。我们可以不把筛选器应用于整个 DataFrame，而是只应用于 Symbol 列。

```
file["Symbol"][file["Company Name"].str.contains("Group")].count()
file["Symbol"][file["Company Name"].str.contains("Corp")].count()
```

可以看出，相比 Group 而言，金融公司更喜欢在名称中使用 Corp 这个 Corporation 的缩写，如图 3.43 所示。

```
In [11]: 1 file["Symbol"][file["Company Name"].str.contains("Group")].count()
Out[11]: 11

In [12]: 1 file["Symbol"][file["Company Name"].str.contains("Corp")].count()
Out[12]: 16
```

图 3.43　通过 Corp 和 Group 字样筛选 Company Name 列

contains() 方法为我们节省了大量时间。竖线分隔符 "|" 可以替代 or 运算符，同时搜索 Corp 和 Group 的实例。

```
file["Symbol"][file["Company Name"].str.
contains("Group|Corp")].count()
```

这条语句将返回 27，也就是说，在 Company Name 列中，有 27 个公司名称中包含 Corp 和 Group 字样。

所有数据集都需要进行某种清洗。将数值转换为数字数据类型是相对来说比较容易的。但是，在有些情况下，你需要编译函数来取得想要的数据格式。

Value 列中包含着指数中每只股票的换手率。如果我们想知道指数中所有股票的总成交量是多少，就需要将该列中的数值转换成数字类型，并在最后使用求和方法。但是，有一个障碍阻止了我们再次使用之前对 Index Weight 列所用的方法。Value 列中的有些数值是以千为单位的，以 K 结尾，而另一些数值则是以百万为单位的，以 M 结尾。不能简单粗暴地删去这些字母并将余下的数字相加。这是一个练习使用 lambda 的完美案例。在开始讨论使用 lambda 的解决方案之前，我想先试着用一个函数来解决这个问题。

将新建的函数命名为 str_to_num，它接收字符串作为参数并返回一个数字。在这个函数中，有 if 和 else 条件。如果传入的字符串中包含 K，就去掉这个字母，并将字符串转换为一个数值，并乘以 1000。如果不包含 K，就去掉 M 并将字符串转换成的数值乘以 1000000。

```
def str_to_num( value ):
    if "K" in value:
        value = value.strip("K")
        number = float(value)
        number = number * 1000
    else:
        value = value.strip("M")
        number = float(value)
        number = number * 1000000
    return number
```

在编写代码时，我每完成一步都会测试一遍。为了测试函数能否成功运行，我将用 Volume 列的第一个值来调用它：

```
str_to_num("5.55 M")
```

以上函数返回 5550000.0，如图 3.44 所示。

```
In [13]:  1  def str_to_num( value ):
          2      if "K" in value:
          3          value = value.strip("K")
          4          number = float(value)
          5          number = number * 1000
          6      else:
          7          value = value.strip("M")
          8          number = float(value)
          9          number = number * 1000000
         10      return number

In [14]:  1  str_to_num("5.55 M")
Out[14]: 5550000.0
```

图 3.44　测试 str_to_num() 函数

对 Volume 列中所有数值的转换需要用循环对所有行都使用 apply 方法，并用 str_to_num 函数将转换后的数值放入行中。结果将被保存在新建的 Vol_function 列中：

```
file["Vol_function"] = file["Volume"].apply(str_to_num)
```

用 lambda 也可以实现同样的转换操作。为了对比两种转换方法的结果，我将把 lambda 得到的结果保存在 Vol_lambda 下。lambda 表达式将包含 if 和 else 条件，步骤和 str_to_num 函数中的步骤大致相同。

我特别在图 3.44 中分解了 str_to_num 函数中的所有步骤，以便在 lambda 中逐步实现它们。首先，将 value 定义为 lambda 的一个参数，然后写出表达式的第一部分。

```
lambda value : float(value.strip("K"))*1000 if "K" in value
```

这个 lambda 表达式是仿照函数来写的。不过操作的顺序略有不同，因为对函数需要进行嵌套。在将一个数字与 1000 相乘之前，需要将 K 删去。当然，这是在传入的字符串中有 K 的情况下。

lambda 表达式的第二部分在概念上和函数是相同的。不需要单独检测 M，因为 else 条件会在接收到除了 K 以外的任何内容时被触发。删去 M 后，剩下的内容都会被转换为浮点数类型，并乘以 1000000：

```
else float(value.strip("M"))*1000000
```

lambda 表达式的最后一部分将被传递到 apply() 方法中,而不是传入到 str_to_num() 函数中,如以下代码所示:

```
file["Vol_lambda"] = file["Volume"].apply(lambda value :float(value.strip("K"))*1000 if "K" in value else float(value.strip("M"))*1000000)
```

这两种清洗数据并将数值转换为数字类型的方法得到的结果是一样的。为了证明这一点,请对比一下 Vol_function 和 Vol_lambda 这两列中所有数值的总和,如图 3.45 所示。

图 3.45 将 Volume 列的值转换为数值的两种方法

想使用哪种方法都可以。如果要做的事情比较复杂,无法用 if 和 else 条件语句来解决的话,我会选择使用函数。想快速解决一些问题的话,lambda 是个很好的选择。接下来的例子可以说明这一点。

52 Week Range 列中提供了一年内的最高和最低价格。假设我们需要计算出这两个数字之间的差。该列中的每个值都是一个字符串。我将把字符串分成两个值,并把它们转换成数字类型。这些结果将被保存在新建的两列 High 和 Low 中。最后,我将通过从 High 值中减去 Low 值来获得两者的差值。

先对这一列进行切片:

```
file["52 Week Range"]
```

我们可以对切分后得到的 Series 中的字符串使用其中一种字符串方法。每个值中,最高和最低价格之间都有一个破折号。在上一章中,利用 split() 方法,我们用空位来分隔字符串。不过,现在我们将用 - 作为分隔符:

```
file["52 Week Range"].str.split("-")
```

操作的结果是，Series 中的所有值都代表一个包含两个字符串的 Python 列表。我们要抓取第一个和第二个字符串，并将其转换为浮点数。这看上去是索引能派上用场的地方。第一个值的索引位置是 0，第二个值的索引位置是 1。不过，索引必须在 Series 中的每个列表上执行，这可以通过 apply() 和 lambda() 方法来实现：

```
file["Low"] = file["52 Week Range"].str.split("-").apply(lambda value : float(value[0]))
file["High"] = file["52 Week Range "].str.split("-").apply(lambda value : float(value[1]))
```

	Symbol	Company Name	Index Weight	Last	Change	%Change	Volume	52 Week Range	IW	Vol_function	Vol_lambda	Low	High
0	AFL	AFLAC Inc	0.93%	42.86	-0.14	-0.33%	5.55 M	23.07 - 55.07	0.93	5550000.0	5550000.0	23.07	55.07
1	AIG	American Intl Group Inc	1.08%	38.55	0.13	+0.34%	6.27 M	16.07 - 56.42	1.08	6270000.0	6270000.0	16.07	56.42
2	AIZ	Assurant Inc	0.26%	135.62	-2.97	-2.14%	342.50 K	76.27 - 142.61	0.26	342500.0	342500.0	76.27	142.61
3	ALL	Allstate Corp	1.02%	100.07	0.70	+0.70%	2.52 M	64.13 - 125.92	1.02	2520000.0	2520000.0	64.13	125.92
4	AMP	Ameriprise Financial Inc	0.72%	183.33	-0.90	-0.49%	446.33 K	80.01 - 188.57	0.72	446330.0	446330.0	80.01	188.57

图 3.46　将 52 Week Range 列的值分成 high 和 low 两列

High 和 Low 这两列被添加到带有数值的 DataFrame 中，如图 3.46 所示。最后，该计算差值了，从 High 列的值中减去 Low 列的值。计算结果将被保存在新建的 Diff 列中：

```
file["Diff"] = file["High"]- file["Low"]
```

这个例子证明了 lambda() 是处理数据的无可替代的工具。为了充分理解和学习语法，我建议你多加练习。除此之外，最好再抓取一个数据集，尝试在新数据集上使用 apply() 方法和 lambda。

3.5　合并数据集

合并数据集的方法有两种。第一个是将两个或更多的 DataFrame 简单连接在一起。第二个方法则是基于共同的值合并数据集。

3.5.1 连接数据集

我们将从连接开始学起。一如既往，先为新的练习创建一个新的文件。不要忘记在文件的开头处导入 Pandas：

```
import pandas as pd
```

我们将创建要连接的两个数据集。每个数据集都会含有一些关于葡萄酒的信息。1 号数据集将包含 Country 和 Price 这两列。这一次，我们将用两个列表来构建一个 DataFrame：

```
country_list = [ "US", "Italy", "France", "Spain"]
price_list = [ 13.99, 9.99, 12.99, 11.99]
```

必须用内置函数 zip() 将这些 Python 列表打包起来：

```
data_one = zip(country_list, price_list)
```

zip() 函数返回一个对象，我们可以将其传递给 pd.DataFrame() 函数。另外，还需要为 DataFrame 提供列名：

```
ds_one = pd.DataFrame(data=data_one, columns=["Country", "Price"])
```

2 号数据集则包含 Region 和 Variety 两列：

```
region_list = ["Rioja", "Bordeaux", "Sicilia", "Napa"]
variety_list = ["Red Blend", "Merlot", "Primitivo", "Chardonnay"]
```

zip() 函数总是返回一个对象，我们将把两个 Python 列表打包在一起后的对象传入 pd.DataFrame() 函数：

```
data_two = zip(region_list, variety_list)
ds_two = pd.DataFrame(data=data_two, columns=["Region", "Variety"] )
```

现在有了要连接起来的两个 DataFrame，如图 3.47 所示。

Pandas 的 concat() 函数连接了 DataFrames。concat() 函数也可以连接两个以上的对象。但如果想连接三个或更多对象，必须以 Python 列表的形式传递 DataFrame。在进行连接之前，需要决定是在竖着还是横着连接两个对象。默认情况下，concat()

函数中的 axis 关键字参数被设置为 0 或 index。这意味着，如果将数据集传入 concat()，它将把一个放在另一个数据集之上，如图 3.48 所示。

```
new_ds = pd.concat([ds_one, ds_two])
```

图 3.47　用列表创建的两个 DataFrame

图 3.48　concat() 函数默认将 DataFrame 竖着连接

连接完好之后，new_ds 这个新的 DataFrame 对象在索引中显示了 NaN（非数字），并且出现了重复的值。NaN 反映出一个事实：对于有些列，我们并没有相应的值。我将在后文中讲解处理丢失的值的方法。

索引中的重复值对于新数据集而言是个问题。concat() 函数带有 ignore_index 关键字，它默认设置为 False。确信新数据集中会有重复的值的话，可以设置 ignore_index=True。这样的话，全新的索引就会取代原有的索引：

```
pd.concat([ds_one, ds_two], ignore_index=True)
```

我个人更喜欢用 DataFrame 的另一个方法 reset_index()。用前面那个方法的话，原来的索引就会消失，用 reset_index() 则会更灵活，因为它能将原来的索引和重复的索引保存为一列。对 new_ds 对象运行 help() 函数，可以看到它接收 drop 关键字参数：

```
help(new_ds.reset_index)
```

你可能已经注意到，我每次都会对各个方法或函数使用 help() 函数，Pandas 库会定期进行更新。即使已经知道了一个方法或函数的用法，最好也时不时地检查一下当前的版本是否有什么变化。此外，有些方法接收的参数很多，很难全都记下来。help() 函数将为你节约大量的搜索时间。

reset_index() 方法中的参数默认设置为 False。如果对 new_ds 对象应用 reset_index()，将得到一个全新的索引，而原来的索引将成为一个列：

```
new_ds.reset_index(inplace=True)
```

new_ds 对象附加了 index 列，而新的索引中只包含惟一值，如图 3.49 所示。在我看来，reset_index() 方法中的 drop 关键字参数用起来更灵活，特别是在处理无法再次获得的敏感数据时。

```
In [6]:  1  new_ds
Out[6]:
    index  Country  Price   Region    Variety
0     0       US   13.99     NaN        NaN
1     1     Italy   9.99     NaN        NaN
2     2    France  12.99     NaN        NaN
3     3    Spain  11.99     NaN        NaN
4     0      NaN    NaN     Rioja    Red Blend
5     1      NaN    NaN    Bordeaux   Merlot
6     2      NaN    NaN    Sicilia    Primitivo
7     3      NaN    NaN     Napa     Chardonnay
```

图 3.49　在 drop 参数设置为 False 的情况下重设 DataFrame 的索引

如果像 ignore_index 中那样，把 reset_index() 方法中的 drop 参数改为 True 的话，就会永远丢失原来的索引。现在的列中仍然有原来的索引，如果需要的话，可以随时通过重设索引改回去：

```
new_ds.index = new_ds["index"]
```

请不要把 DataFrame 的属性索引与列的 index 混淆在一起。

另一种连接 ds_one 和 ds_two 的方法是按照列来连接。我们需要将 axis 参数设置为 1 或 columns。

```
new_ds = pd.concat([ds_one, ds_two], axis=1)
```

这一次，new_ds DataFrame 会有四列和四行，如图 3.50 所示。

```
In [7]:  1  new_ds = pd.concat([ds_one, ds_two], axis=1)
         2  new_ds
Out[7]:
    Country  Price    Region     Variety
0      US   13.99     Rioja    Red Blend
1    Italy   9.99   Bordeaux     Merlot
2   France  12.99   Sicilia    Primitivo
3    Spain  11.99     Napa    Chardonnay
```

图 3.50　将两个 DataFrame 与 axis 参数集连接成列

喜欢葡萄酒的读者朋友可能注意到了国家和葡萄种植地区是不匹配的。请记住，concat() 函数只负责连接数据集。如果需要匹配数据，最好使用 merge() 函数。

3.5.2 合并 DataFrame

Pandas 的 merge() 函数的作用是根据列中的共同值合并 DataFrames。首先，需要有数值相同的列。现在，在 ods_two 中添加一列，名为"Origin"，其中包含以下国家：

```
ds_two["Origin"] = ["Spain", "France", "Italy", "US"]
```

现在两个 DataFrames：ds_one 和 ds_two 都有相同值的列。尽管在 ds_one 中的那一列名为"Country"，而在 ds_two 中的那一列名为"Origin"，我们还是能将两者合并起来：

```
merged_ds = pd.merge(ds_one, ds_two, left_on="Country", right_on="Origin")
```

通过匹配 Country 和 Origin 列中的值，我们成功合并了两个 DataFrame，如图 3.51 所示。

图 3.51　merge() 函数匹配国家和原产地列的值

默认情况下，merge() 函数会寻找相同的列名。如果两个数据集中都有 Country 列，那么它就会根据这两列的值进行合并。这种情况下，不需要用 merge() 函数来提供 left_on 和 right_on 参数。

我更喜欢在 merge() 函数中使用 left_on 和 right_on 关键字参数，因为这样能更加具体。我们肯定表明在 ds_one 要用 Country 列来匹配数值。left_on 参数指向的是 ds_one 数据集，因为它在 merge() 函数中位于左边。根据逻辑可以推断出，right_on 指向 ds_two 中的一列，因为它在数据集参数的右边。另外，如果数据集中名字相同的列有好几对，merge() 会默认选择第一对名字相同的列来匹配值。这可能并不是我们想要的结果，所以我选择具体处理列。

数据集可以通过索引来进行合并。Pandas 给了我们很多选择，能用各式各样的函数和方法来解决同样的问题。我们还是可以用 merge() 函数，通过设置 left_index 和 right_index 这两个关键字参数，通过索引合并数据。但一个更好的选择是使用 join() 方法，它可以直接通过匹配索引中的值合并数据集。现在，为了展示 join() 方法的效用，先将 ds_on 中的索引设置为 Country 列，ds_two 中的索引设置为 Origin 列。

```
ds_one.index = ds_one["Country"]
ds_two.index = ds_two["Origin"]
```

现在，两个 DataFrame 的索引值是相同的，我们可以借助于默认匹配索引值的 join() 方法将二者进行合并：

```
joined_ds = ds_one.join(ds_two)
```

joined_ds DataFrame 继承了 ds_one 的索引并将其与 ds_two 的索引进行匹配，如图 3.52 所示。

	Country	Price	Region	Variety	Origin
Country					
US	US	13.99	Napa	Chardonnay	US
Italy	Italy	9.99	Sicilia	Primitivo	Italy
France	France	12.99	Bordeaux	Merlot	France
Spain	Spain	11.99	Rioja	Red Blend	Spain

图 3.52 利用 join() 方法将两个 DataFrames 进行合并，并匹配索引中的值

3.6 分组函数

用于分组的函数 groupby() 函数是 Pandas 的另一个很重要的工具，在开始进行练习之前，我想先简单做个介绍。它的作用类似于按功能排序。如果你接触过关系型数据库，应该很熟悉 groupby() 函数。

第 3 章 Pandas 数据分析

groupby() 提供了一种选择：根据一个或多个列中的共同值重新组合 DataFrame。它对数值进行排序，并将它们用作新的键。groupby() 总是返回一个对象。大多数时候，它和 count()、sum() 和 mean() 等聚合方法一同出现。现在，为了进一步理解 groupby()，不妨动手实践一下。

我们将采用一个包含标准普尔 500 指数公司的数据集。我将在一个新的文件中打开源自以下网址的 CSV 文件：https://bit.ly/booksp500。

标准普尔 500 指数由美国 11 个行业的 500 家最大的公司组成。从在线 CSV 文件中读取数据后，得到的 DataFrame 如图 3.53 所示。

```
In [1]:  1  import pandas as pd

In [2]:  1  file = pd.read_csv("https://bit.ly/booksp500")
         2  file.head(10)
```

Out[2]:

	Symbol	Name	Sector
0	MMM	3M Company	Industrials
1	AOS	A.O. Smith Corp	Industrials
2	ABT	Abbott Laboratories	Health Care
3	ABBV	AbbVie Inc.	Health Care
4	ABMD	ABIOMED Inc	Health Care
5	ACN	Accenture plc	Information Technology
6	ATVI	Activision Blizzard	Communication Services
7	ADBE	Adobe Inc.	Information Technology
8	AAP	Advance Auto Parts	Consumer Discretionary
9	AMD	Advanced Micro Devices Inc	Information Technology

图 3.53　来自 CSV 文件的标普 500 公司的 DataFrame

这个 DataFrame 包含三列，Sector 这一列指出的是公司所属的行业。

我们的目标是按行业为指数中的所有公司进行排序。举例来说，如果想知道在标准普尔 500 指数中包括多少家来自医保行业的公司，可以编写以下代码：

```
file[file.Sector.str.contains("Health Care")].count()
```

利用 groupby() 方法，不仅能做到同样的事，还能同时处理 Sector 列中的所有部门。列名作为参数被传入 groupby() 方法，置于方括号内。groupby() 方法将拆分 DataFrame，并用 Sector 列的值作为键或索引进行重新组合：

```
sector_data = file.groupby(["Sector"]).count()
```

这样，sector_data 对象就以行业作为索引了。count() 方法返回每种索引值的所有公司的数量，如图 3.54 所示。

```
In [3]:  1  sector_data = file.groupby(["Sector"]).count()
         2  sector_data
```

Out[3]:

Sector	Symbol	Name
Communication Services	26	26
Consumer Discretionary	61	61
Consumer Staples	33	33
Energy	26	26
Financials	66	66
Health Care	62	62
Industrials	73	73
Information Technology	71	71
Materials	28	28
Real Estate	31	31
Utilities	28	28

图 3.54　按 Sector 列的值分组

可以看到，sector_data 被存储成为新的 DataFrame，这带来了很大的灵活性。我们可以重设索引，让 Sector 成为一个列。同时，还可以将数据可视化。

可视化是数据分析的关键环节。Matplotlib 是 Python 中最主要的可视化库之一。Matplotlib 的一些特性内置在 DataFrame 中。内置的 Matplotlib 方法存储在 plot 模块中。在 DataFrame 上运行 dir() 函数，可以看到所有可用的选项：

```
dir(sector_data.plot)
```

利用 pie() 方法，可以绘制出各个行业中标普 500 指数的公司数量，如图 3.55 所示。Name 将被用作饼状图的值：

```
sector_data.plot.pie(y="Name", figsize=(10,10));
```

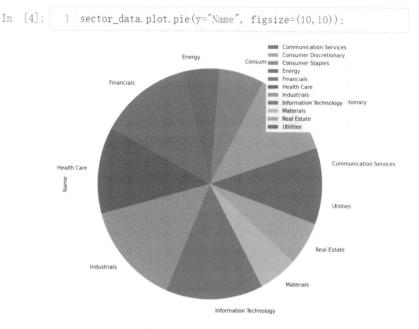

图 3.55　sector_data 图

有了 Python 和 Pandas 这两大神兵利器在手,我们已经足以应对现实生活中的挑战了。本章讲解了如何初始化 DataFrame 并从 CSV 文件中读取数据。筛选和 lambda 逻辑语句能帮助我们根据各种条件来采取行动。下一章将使用学到的方法来收集和处理数据。我们还将发现 Pandas 以外更多专门用于处理不同数据源的库。我们的目的是收集信息并对这些信息进行分析。

第 4 章
Python 数据抓取

信息对数据分析显然是不可或缺的。它来自不同格式的各种资源。有些信息需要花很大的工夫才能获得；而还有一些数据则是清晰的、结构化的。Python 是可以收集和处理任何格式数据的强大工具。

通过编程，从在线来源复制和粘贴信息到表格中的繁琐人工操作实现了自动化。本章将探索收集数据的各种方法。我们将从网页中抓取，开始。如果信息已经开放给公众随意取用的话，有什么理由不用呢？当然，所有收集到的数据应该只用于合法的目的。

此外，我们还将用到 API（应用程序编程接口）。所有受尊敬的大公司都为其服务提供 API。谷歌和推特等科技公司甚至还有面向开发者的 Python 库。有些公司会对信息收费，而有些公司则会免费提供信息，前提是不得用于商业用途。

包含的很多库都能从网络中获取数据，正是 Python 如此流行的原因之一。

4.1 网页抓取

网页抓取是指从网站上提取数据。这个过程总是始于向服务器发送请求并接收作为响应返回的数据。

通常情况下，我们用浏览器来读取网上的信息。在计算机世界中，浏览器被称为客户端。客户端向服务器发送一个信息请求。在浏览器的地址栏输入一个 URL 地址，就会向服务器发送请求信息的消息。根据请求，服务器会发回一条带有数据的信息。这些数据以 HTML（超文本标记语言）的形式出现。浏览器解释这些信息，让我们看到带有样式和颜色的图像和文本。

抓取网页时，Python 作为客户端，向服务器发送请求。Python 并不能理解 HTML，所以我们需要把收到的数据转为 Python 可以直接处理的数据类型，也就是字符串。

有几个 Python 包可以与服务器通信。本书将选择使用流行的 Requests 库。Requests 方法向服务器发送请求信息并处理响应。不用特别下载 Requests 包，因为它是 Anaconda 自带的。

接下来的练习需要用谷歌浏览器 Google Chrome 来完成。Chrome 自带开发者工具。所有其他浏览器都需要另行下载开发者工具。如果还没有安装 Chrome 浏览器，请从以下网址下载：www.google.com/chrome/。如果已经安装了 Chrome 浏览器，请确保浏览器的版本是最新的。

在开始抓取网页之前，我先用一个有点过时的网站来解释一下网页抓取的基本组成部分：http://shakespeare.mit.edu/romeo_juliet/romeo_juliet.1.0.html。

在 Chrome 浏览器中打开以上链接，会看到一个仿佛来自 20 世纪 90 年代的网页，上面没有任何图片或动画，只有纯文本，而这正是需要了解的网页抓取过程中的重点。

首先，我们需要向服务器发送一个请求并获取网站，恰恰就该 Python 的 Requests 库粉墨登场了。

Requests 库的 get() 方法能向服务器请求信息。如果请求成功，服务器会将信息发送回来，请求成功的话，代码是 200。如果请求失败，服务器将发送一条不同代码的错误信息，比如 403 或 404。你可能已经在浏览器返回"未找到页面"时看到过

404错误信息了,并不需要知道所有代码的含义就可以抓取数据。只要记住,代码200意味着一切正常。其他任何代码都意味着出了问题。

现在,为了用 Jupyter 单元格获取 Romeo and Juliet 网页,先在新文件中导入 Requests 库:

```
import requests
```

接下来,向服务器发送请求,需要在 get() 方法中输入想获取的网页的 URL,如以下代码所示:

```
page = requests.get("http://shakespeare.mit.edu/romeo_juliet/romeo_juliet.1.0.html")
```

get() 方法返回 Response 200,这意味着成功收到了数据,如图 4.1 所示。

```
In [1]:   1  import requests

In [2]:   1  page = requests.get("http://shakespeare.mit.edu/romeo_juliet/romeo_juliet.1.0.html")
          2  page
Out[2]:  <Response [200]>
```

图 4.1 用 requests.get() 方法发送请求并接收响应

page 变量包含一个 Python 对象。返回的 Python 对象可以被解析为一个字符串,形成类似于 HTML 标记(HTML markup)的结构。用于处理 HTML 的最流行的 Python 库是 BeautifulSoup,该库的命名来自《爱丽丝梦游仙境》中的一首同名诗歌[1]。

---

[1] 译注:"Beautiful Soup, so rich and green, Waiting in a hot tureen! Who for such dainties would not stoop? Soup of the evening, beautiful Soup! Soup of the evening, beautiful Soup! Beau-ootiful Soo-oop! Beau-ootiful Soo-oop! Soo-oop of the e-e-evening, Beautiful, beautiful Soup!(美味的汤,在热气腾腾的盖碗里装。绿色的浓汤,谁不愿意尝一尝,这样的好汤。晚餐用的汤,美味的汤,晚餐用的汤,美味的汤,美……味的汤……汤!美……味的汤……汤!晚……晚……晚餐用的……汤,美味的,美味的汤!)

"Beautiful Soup! Who cares for fish, Game, or any other dish? Who would not give all else for two penny worth only of beautiful Soup? Penny worth only of beautiful Soup?Beau--ootiful Soo--oop! Beau--ootiful Soo--oop! Soo--oop of the e--e--evening, Beautiful, beauti--FUL SOUP!"(美味的汤!有了它,谁还会把鱼儿想,再想把野味和别的菜来尝?谁不最想尝一尝,两便士(先令和便士是英国的货币单位,十二便士为一先令,二十先令为一英镑。)一碗的好汤?两便士一碗的好汤?美……味的汤……汤!美……味的汤……汤!晚……晚……晚餐用的汤……汤,美味的,美……味的汤!)

BeautifulSoup 库把从服务器收到的所有数据重新创建为 HTML 标签。请不要误会,这并不是 HTML,而是一个和 HTML 结构很像的字符串对象。BeautifulSoup 库也是 Anaconda 自带的,我们要把它和 Request 一起导入。回到开头的单元格,在 Requests 的导入语句下输入导入 BeautifulSoup 的导入语句。不要忘记重新运行单元格:

```
from bs4 import BeautifulSoup
```

bs4 是软件包的简称,BeautifulSoup 库用来生成和 HTML 结构相似的对象的函数。将服务器上的内容作为 age.content 传入函数,并将其解析为 HTML:

```
data = BeautifulSoup(page.content, "html.parser")
```

输出的数据中,你会看到一个看起来很像 HTML 代码的对象,如图 4.2 所示。

```
In [1]:  1  import requests
         2  from bs4 import BeautifulSoup

In [2]:  1  page = requests.get("http://shakespeare.mit.edu/romeo_juliet/romeo_juliet.1.0.html")
         2  data = BeautifulSoup(page.content, "html.parser")
         3  data

Out[2]: <!DOCTYPE HTML PUBLIC "-//W3C//DTD HTML 4.0 Transitional//EN"
        "http://www.w3.org/TR/REC-html40/loose.dtd">

        <html>
        <head>
        <title>PROLOGUE
        </title>
        <meta content="text/html; charset=utf-8" http-equiv="Content-Type"/>
        <link href="/shake.css" media="screen" rel="stylesheet" type="text/css"/>
        </head>
        <body bgcolor="#ffffff" text="#000000">
        <table bgcolor="#CCF6F6" width="100%">
        <tr><td align="center" class="play">Romeo and Juliet
        <tr><td align="center" class="nav">
        <a href="/Shakespeare">Shakespeare homepage</a>
         | <a href="/Shakespeare/romeo_juliet/">Romeo and Juliet</a>
         | Act 1, Prologue
           <br/>
        <a href="romeo_juliet.1.1.html">Next scene</a>
        </td></tr></tr></table>
        <h3>PROLOGUE</h3>
        <blockquote>
```

图 4.2 BeautifulSoup 库将来自服务器的数据解析为 HTML 标记

网页抓取并不需要我们特别精通 HTML。不过,我会快速介绍一下 HTML 的基本知识。在网页上呈现的每一个元素都要用 <> 标签。在图 4.2 中,有这样一条语句:<h3>PROLOGUE</h3>。这条语句中的 h 指标题(heading),3 则是字号。切换回网页，可以看到标题是粗体的 PROLOGUE。滑动鼠标选中 PROLOGUE，然后单击右键。注意，请务必使用 Chrome 浏览器。在显示出来的选项菜单中，应该有一个"检查"选项。单击"检查"，它将揭示网页的本来面貌 HTML 源代码，如图 4.3 所示。

可以看到，图 4.2 和图 4-3 中的 <h3>PROLOGUE</h3> 看起来是一模一样的。这是因为 BeautifulSoup 完全再现了网页的 HTML 标签结构。每个 <> 标签都是 data 变量保存着的 BeautifulSoup 对象的一个属性。这意味着我们可以通过标签从页面对象中抓取元素。试着在一个 Jupyter 单元格中运行"data.h3"，得到的结果将如下所示："<h3>PROLOGUE</h3>"。

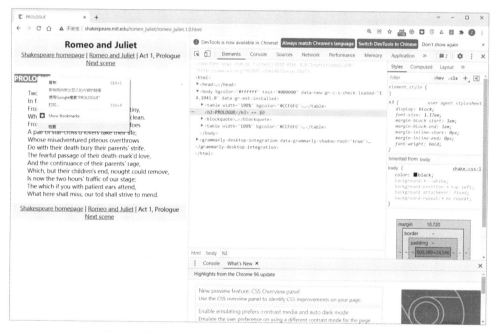

图 4.3　用 Chrome 开发者工具检查网页的 HTML 源代码

在 BeautifulSoup 库中，有两个可以从 HTML 结构中获取元素的函数，分别是 find() 和 find_all()。二者的区别很简单：find() 只寻找一个元素，而 find_all() 将获取符合条件的所有项目。对 find() 和 find_all() 运行 help() 函数，看它们可以接受哪些参数：

```
help(data.find)
help(data.find_all)
```

find() 和 find_all() 这两个方法接受一个 HTML 标签作为参数来寻找页面上的一个元素。元素的其他属性，比如类别或颜色，可以用来精确地引用网页上的项目。

举个例子，运行 data.find(“h3”) 语句。find() 方法将寻找一个前后有 <h3> 标签的元素。其结果将是“<h3>PROLOGUE</h3>”。find() 方法一次处理一个元素，如果有多个有着相同标签的项目，它只取第一个元素。

现在，在浏览器中选中网页中的这整首诗，然后单击右键，检查选中的文本。可以看到，Chrome 开发者工具窗口中的所有行都有 <a> 标签。以 <a> 标签作为第一个参数的 find_all() 方法会得到包含所有诗行的列表。请记住，find_all 总是返回一个列表，即使是在没有找到任何内容的情况下：

```
alist = data.find_all("a")
```

如图 4.4 所示，我们成功获取了有 <a> 标签的所有行。

```
In [3]:  alist = data.find_all("a")
         alist

Out[3]: [<a href="/Shakespeare">Shakespeare homepage</a>,
 <a href="/Shakespeare/romeo_juliet/">Romeo and Juliet</a>,
 <a href="romeo_juliet.1.1.html">Next scene</a>,
 <a name="1">Two households, both alike in dignity,</a>,
 <a name="2">In fair Verona, where we lay our scene,</a>,
 <a name="3">From ancient grudge break to new mutiny,</a>,
 <a name="4">Where civil blood makes civil hands unclean.</a>,
 <a name="5">From forth the fatal loins of these two foes</a>,
 <a name="6">A pair of star-cross'd lovers take their life;</a>,
 <a name="7">Whose misadventured piteous overthrows</a>,
 <a name="8">Do with their death bury their parents' strife.</a>,
 <a name="9">The fearful passage of their death-mark'd love,</a>,
 <a name="10">And the continuance of their parents' rage,</a>,
 <a name="11">Which, but their children's end, nought could remove,</a>,
 <a name="12">Is now the two hours' traffic of our stage;</a>,
 <a name="13">The which if you with patient ears attend,</a>,
 <a name="14">What here shall miss, our toil shall strive to mend.</a>,
 <a href="/Shakespeare">Shakespeare homepage</a>,
 <a href="/Shakespeare/romeo_juliet/">Romeo and Juliet</a>,
 <a href="romeo_juliet.1.1.html">Next scene</a>]
```

图 4-4　带有 HTML <a> 标签的文本元素

列表中的行带有 <a> 标签和 href (超文本链接)。我们需要将标签和其他属性从文本中移除。利用 BeautifulSoup 库中的 get_text() 方法可以从 <> 标签中提取字符串。我们需要将其应用到 alist 中的每个项目上，以获得纯文本。

```
for item in alist:
print(item.get_text())
```

需要从网页上抓取特定的一行时，该怎么做呢？举个例子，现在需要从全文中单独抓取"From forth the fatal loins of these two foes"这句诗。首先，选中这句话并检查它的 HTML 源代码，如图 4.5 所示。

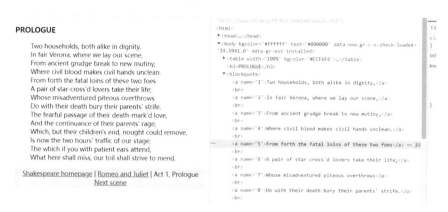

图 4.5　在 Chrome 浏览器中定位并检查文本中的某一行

第二步是在 Chrome 开发者工具（图 4.5 中的右侧）中检查该元素，并找出可以用来获取这段文本的"钩子"。"From forth the fatal loins of these two foes"这句诗前后用了 <a> 标签，并且有一个 name = 5 的属性。同样，我们无需知道 name = 5 是什么意思[②]。这个属性是由建立网站的开发人员使用的。我们只需要关心一个对想得到的文本而言独一无二的组合。如果只在 find() 中输入 <a> 标签，那么它将返回前后有 <a> 标签的第一个元素，这不是我们想要的。幸运的是，name=5 是个独一无二的属性。现在，使用 find() 方法，将 <a> 标签作为第一个参数传入，因为 "From forth the fatal loins of these two foes" 以它开始；name = 5 则作为第二个参数传入。属性应该以字典的形式传递，如下所示：

```
element = data.find("a", {"name":5} )
```

```
In [4]:  1  element = data.find("a", {"name":5} )
         2  element.get_text()

Out[4]: 'From forth the fatal loins of these two foes'
```

图 4.6　通过 find() 方法和 HTML 属性获得文本的行数

---

② 如果想要知道这些 HTML 标签的含义，可以在以下网址找到所有这些标签：https://eastmanreference.com/complete-list-of-html-tags。

我们成功地获取了文本，并用 get_text() 方法对它进行了清理，如图 4.6 所示。

简而言之，网页抓取的整个过程包括以下步骤。

1. 用 get() 方法从服务器上获取数据。

2. 将收到的数据传递给 BeautifulSoup() 函数，后者将数据解析为一个看起来和 HTML 网页构造很相似的对象。

3. 在浏览器中检查要抓取的元素。

4. 利用 find() 或 find_all() 方法通过标签和属性的获取文本。

学会了抓取网页数据的基本步骤后，就可以对流行的网站进行数据抓取了，比如 investing.com。investing.com 为交易者提供在交易日开始前需要知道的重要新闻。新闻页面的 URL 是 www.investing.com/news/。

如果在浏览器中打开该网页，可以看到许多新闻的标题和简介。单击任意标题，即可查看到完整的文章。我们要做的是收集标题和 hrefs（超链接），这样就可以随时访问完整的文章了。超链接是一个指向某处的 URL，也称为网络链接。

首先要做的是获取网站。先从导入开始：

```
import requests
from bs4 import BeautifulSoup
```

注意，大多数网站都不想向机器人提供信息。requests.get() 方法会向服务器发送一条消息，这条消息有点像是在自报家门说："嗨，我是 Python 哦！"但网站并不想回应 Python 机器人。为了解决这个问题，我们得让信息请求看起来像是来自于网页浏览器。这很简单，只需要在给服务器的消息中设置不同的头部（headers）信息：

```
headers={'User-agent' : 'Mozilla/5.0'}
```

紧随 URL 之后，头部信息作为关键字参数被传入 quests.get() 方法中。Mozilla/5.0 是个很常见的浏览器令牌（browser token）。当服务器接收到头部中带有令牌的信息时，就会将其接收为普通的浏览器信息调用。你可以试着在设置头部信息及不设置头部信息的情况下分别运行以下语句：

```
page = requests.get("https://www.investing.com/news/", headers={'User-agent':'Mozilla/5.0'})
```

在有头部的情况下，requests.get() 方法会返回响应码 200，如图 4.7 所示。

```
In [1]:  1 import requests
         2 from bs4 import BeautifulSoup

In [2]:  1 page = requests.get("https://www.investing.com/news/", headers={'User-agent':'Mozilla/5.0'})
         2 page
Out[2]: <Response [200]>
```

图 4.7　使用 requests 库成功获得服务器的响应

成功的响应可以被解析为以下 BeautifulSoup 对象：

```
data = BeautifulSoup(page.content, "html.parser")
```

打印 data，看看里面有什么。一开始看着可能有点乱，因为其中有许多 JavaScript 函数，但 <!DOCTYPE HTML> 清楚地表明，这和 HTM 相关的，如图 4.8 所示。请时刻注意，investing.com 比前面处理过的网站要复杂很多倍。

```
In [1]:  1 import requests
         2 from bs4 import BeautifulSoup

In [2]:  1 page = requests.get("https://www.investing.com/news/", headers={'User-agent':'Mozilla/5.0'})
         2 data = BeautifulSoup(page.content, "html.parser")

In [3]:  1 data
Out[3]: <!DOCTYPE HTML>

        <html class="cn" dir="ltr" geo="CN" lang="zh-Hans" xml:lang="zh-Hans" xmlns="http://www.w3.org/1999/xhtml" xml
        ns:schema="http://schema.org/">
        <head>
        <script>
                window.dataLayerGTMParams = window.dataLayerGTMParams || [];
                dataLayerGTMParams.push({"client_name":"legacy-desktop"});
            </script>
        <script>(function(w,d,s,l,i){w[l]=w[l]||[];w[l].push({'gtm.start':
                        new Date().getTime(),event:'gtm.js'});var f=d.getElementsByTagName(s)[0],
                    j=d.createElement(s),dl=l!='dataLayer'?'&l='+l:'';j.async=true;j.src=
```

图 4.8　用 BeautifulSoup() 函数解析从服务器上收到的数据

在浏览器中切换回刚刚访问过的网页：www.investing.com/news/。挑出任何一个你感兴趣的新闻标题，用鼠标选中它，然后单击右键。我选择的新闻是“英镑兑美元连续第二日上涨，英国通胀飙至逾十年新高”。

单击“检查”，查看网页的代码结构，如图 4.9 所示。

两大预期联手施压，油市多头等待这一数据救场
提供者 FX678 - 19 分钟以前
周三（12月15日）欧市盘中，油价连续第三天下跌，美原油期货跌逾1.5%，刺穿口
越来越预期明年供应增长将超过需求增长，周二，IEA对于石油市场前景的预期引发

英镑兑美元连续第二日上涨，英国通胀飙至逾十年新高
提供者 FX678 - 19 分钟以前
周三（12月15日）英镑兑美元在欧洲交易时段维持买盘基调，连续第二小幅走强
一周多高点有所回落，日内公布的数据显示英国通胀触及逾十年新高。在强于预

12月15日机构对金融市场观点汇总

图 4.9　用 Chrome 开发者工具检查新闻标题

仔细观察可以发现，高亮显示的 HTML 代码中的 title 和选中的新闻标题完全一样。如图 4.9 所示，我的标题是"英镑兑美元连续第二日上涨，英国通胀飙至逾十年新高"。这段文本被包裹在 <a></a> 标签中。<a> 标签意味着一个网络链接，而它后面紧接着的是 class="title" 属性。这看着像是个独一无二的组合。我们的目标是抓取所有标题并收集超链接，这些超链接也包含在 <a> 标签中。应该选用 find_all() 方法来收集网页上的所有标题。其中的第一个参数是 <a> 标签，第二个参数则是 class="title"。此外，为了收集超链接，还需要在 find_all() 方法中输入 href=True。

```
titles = data.find_all("a", {"class":"title"}, href=True)
```

我们成功地从网页中获取了所有带有 hrefs 的标题，如图 4.10 所示。

```
In [3]:  1  titles = data.find_all("a", {"class":"title"}, href=True)
         2  titles

Out[3]: [<a class="title" href="/news/economy/article-2069331" title="今日财经市场5件大事：美国货币刺激料加速回撤 钻石手恐分崩瓦解">今日财经市场5件大事：美国货币刺激料加速回撤 钻石手恐分崩瓦解</a>,
 <a class="title" href="/news/cryptocurrency-news/article-2069499" title="马斯克又开始"带货" 狗狗币：未来可使用其购买一些特斯拉周边产品">马斯克又开始"带货" 狗狗币：未来可使用其购买一些特斯拉周边产品</a>,
 <a class="title" href="/news/stock-market-news/article-2069584" title="盘前异动：百济神州美股跌超6%，公司科创板上市首日大跌16%">盘前异动：百济神州美股跌超6%，公司科创板上市首日大跌16%</a>,
 <a class="title" href="/analysis/article-200469368" title="美股已经进入"熊市"？">美股已经进入"熊市"？</a>,
 <a class="title" href="/analysis/article-200469416" title="美联储利率决议来袭，汇市暗潮涌动">美联储利率决议来袭，汇市暗潮涌动</a>,
 <a class="title" href="/analysis/article-200469406" title="AMC暴跌，散户抛弃了网红股？">AMC暴跌，散户抛弃了网红股？</a>,
 <a class="title" href="/news/stock-market-news/article-2069607" title="神秘投资者押注6500万美股节前反弹 是火中取栗还是未卜先知？">神秘投资者押注6500万美股节前反弹 是火中取栗还是未卜先知？</a>,
 <a class="title" href="/news/stock-market-news/article-2069604" title="特斯拉能源业务出问题了，是暂时的吗？">特斯拉能源业务出问题了，是暂时的吗？</a>,
```

图 4.10　用 find_all() 方法接收的标题列表

titles 变量包含了一个列表，我们可以逐项地获取纯文本并提取超链接。每个新闻的标题和相应的超链接都要打包到另一个列表中。接着再把所有带有标题和超链接的列表放入一个巨大的列表中。最后，我们将得到一个列表的列表。之所以需要列表的列表，是为了便于以后抓取标题和超链接，并获取完整的新闻文章页面。我们将从新闻文章或详情页面中获取文本片段。

现在，我要新建一个名为"clean_titles"的 Python 列表，并将清洗后的标题和超链接打包成一个单独的列表，保存在 small_list 变量中，如以下代码所示：

```
clean_titles = [ ]
for item in titles:
    small_list = [item.get_text(), item["href"]]
    clean_titles.append(small_list)
```

clean_titles 列表保存了许多带有标题以及完整新闻的 URL 的小列表，如图 4.11 所示。

图 4.11　带有标题和超链接的列表

在显示出每条新闻的 URL 之前，需要先了解一下详细新闻文章页面的 HTML 结构是什么样的。现在就来深入调查一下。在浏览器中，单击任何一个新闻的标题，就可以打开一篇完整新闻的页面，或者用网页开发人员的话来说，打开详细的视图。

如图 4.12 所示，在新闻的详情页面中，用鼠标选中第一段文本，单击鼠标右键后选择"检查"选项。

如图 4.12 所示,在屏幕的右半部分中,可以看到整篇文章都被 <p> 标签和段落所包围。如果想获取全文,需要用 find_all() 方法并将 <p> 标签用作参数。

图 4.12　在 Chrome 开发者工具中检查完整新闻的页面

为了获取每篇新闻文章的一个段落,我们要创建一个小型网络爬虫。我们已经获得了所有新闻的 URL,我们将不得不挨个打开每个新闻,从每个对象中抓取一个文本段。当抓取网页时,我们将用 BeautifulSoup() 函数解析数据,并应用 find_all() 方法。

现在要做的是用 for 循环来遍历 clean_titles 列表,用 requests.get() 来获取每个 URL,像我们之前做的那样:

```
for item in clean_titles:
    url = item[1]
    page = requests.get("https://www.investing.com{}".format(url),
    headers={'User-agent':'Mozilla/5.0'})
    print("now fetching", "https://www.investing.com{}".format(url))
```

clean_titles 列表中的每一项都代表一个列表,我们需要通过输入索引"item[1]"来提取第二个元素,也就是 URL。为了获取文章,我们需要重新创建以 https://www.investing.com 开头的完整 URL。在 requests.get() 方法中,我将 https://www.investing.com 和 clean_titles 列表中的其余部分的 URL 连接了起来。不要忘记头部信息。最后的打印语句并不是必要的，但我想看看这段代码是如何运作的，并确保能得到完整的 URL，如图 4.1 所示。

```
In [5]: 1  for item in clean_titles:
        2      url = item[1]
        3      page = requests.get("https://www.investing.com{}".format(url), headers={'User-agent':'Mozilla/5.0'})
        4      print("now fetching ", "https://www.investing.com{}".format(url))
now fetching https://www.investing.com/news/economy/article-2069331
now fetching https://www.investing.com/news/cryptocurrency-news/article-2069499
now fetching https://www.investing.com/news/stock-market-news/article-2069584
now fetching https://www.investing.com/news/analysis/article-200469368
now fetching https://www.investing.com/news/analysis/article-200469416
now fetching https://www.investing.com/news/analysis/article-200469433
now fetching https://www.investing.com/news/stock-market-news/article-2069607
now fetching https://www.investing.com/news/stock-market-news/article-2069604
now fetching https://www.investing.com/news/stock-market-news/article-2069571
now fetching https://www.investing.com/news/stock-market-news/article-2069560
```

图 4.13　为每篇新闻调用一个 URL

在 for 循环的作用域内，我们要对每个 page 对象应用 BeautifulSoup() 函数。每个新闻页面的 HTML 结构将被保存在 article 变量中。最后一步是对 article 对象应用带有 <p> 标签的 find_all()。find_all() 方法返回一个列表，我们会将其保存在 list_article 变量中。

这里，我想暂停片刻，引入一个能为今后的工作节省一些时间的概念：列表理解（list comprehension）。

4.2　列表推导式

列表推导式是一种 Python 语法，能使代码运行得更快。处理大量的数据时，这一点显得尤其重要。在收集信息时，如果需要抓取成千上万个网页，我更喜欢用列表推导式。

在正式讨论列表推导式的语法之前，请先做个简单的练习。假设 alist 中有许多数字，我们想对它进行筛选，找到其中的所有 5。此外，还需要将找到的所有 5 保存在新建的列表 blist 中。解决方案如下：

```
alist = [1,2,3,5,5,6,7,5,5]
blist = []
for number in alist:
    if number == 5:
        blist.append(number)
```

在搜索 5 时，程序在列表中进行迭代，如果找到 5，append() 方法就将它添加到 blist 中。append() 方法在 Python 中是作为一个模块实现的，每次找到 5 时都需要花上一些时间来调用它。为了让这段代码运行得更快，我们可以删去 append() 方法，将解决方案重写为一个列表推导式。代码如下所示：

```
blist = [ number for number in alist if number == 5 ]
```

整条语句在一对方括号中，然后结果以列表的形式返回。这完全可以取代 append() 方法。列表推导式语句的结果的类型总是列表，在这个例子中，它被保存为 blist。与 append() 方法相比，列表推导式的速度要快上两倍，在包含超过 10000 个元素的列表中可以明显地感受到这一点。

一个简单的列表推导式的语法由三部分组成：for 循环、筛选器和表达式。筛选器是可选的。

```
[ expression for loop filter ]
```

如果把第一个解决方案和使用列表推导式的方案进行比较的话，会发现它们几乎是一样的。方括号中的解决方案以一个表达式开头。在这个例子中，表达式是一个数字本身，因为我们只想保留值等于 5。在其他情况下，可能要做不同的事情，比如在值等于 5 时把 number 乘以 10。这样的话，还是使用同样的 for 循环，在其中定义 number 变量。if 语句是筛选器。有时需要用到它，有时则不需要。如果需要用到 if 语句的话，可以把它放在 for 循环之后。

现在，假设我们需要将当前容器中的所有数字乘以 10。这种情况就不需要用到筛选器。对应的列表推导式如下所示：

```
blist = [ number * 10 for number in alist ]
```

请记住，列表推导式总是返回列表数据结构。可以把列表推导式语句分配给一个变量，以这种方式来保存这个列表。

有了列表推导式的知识，让我们回到网页抓取的例子上。我们的最终目标是将标题和文章片段写入一个文本文件。为了使这一过程顺利进行，我们将用列表推导

式 [p.get_text() for p inlist_article] 从 list_article 中的所有项目中剥离出 <p> 标签。这个列表推导式将返回一个字符串列表。为了连接列表中的所有字符串，我们将使用字符串方法 join()。我注意到，每篇完整新闻的第一个 <p> 标签都包含"请尝试其他搜索"。既然所有 <p> 标签都已经删去了，那么这条信息就会是 list_article 中的第一个项目。我们用不到这条信息，所以要从 list_article[1:] 中的第二个元素开始将其删去。

我们将同时进行清洗和连接，如以下代码所示：

```
clean_article = " ".join([p.get_text() for p in list_article[1:]])
```

clean_article 将是一篇完整的新闻文章。在 for 循环的最后，我们将每篇文章作为一个字符串添加到 mega_list 中：

```
mega_list = [ ]
for item in clean_titles:
    url = item[1]
    page = requests.get("https://www.investing.com{}".format(url),
    headers={'User-agent':'Mozilla/5.0'})
    print("now fetching", "https://www.investing.com{}".format(url))
    article = BeautifulSoup(page.content, "html.parser")
    list_article = article.find_all("p")
    clean_article = " ".join([p.get_text() for p in
list_article[1:]])
    mega_list.append(clean_article)
```

在图 4.14 中，可以看到代码正在执行。图 4.15 显示了一小部分 mega_list。

图 4.14　从 investing.com 收集文章

图 4.15　解析和清理每篇文章的信息

最后要做是创建一个文本格式的报告。我们要用 zip() 函数来将 clean_titles 和 mega_list 组合到一起：

```
final_list = list(zip(clean_titles, mega_list))
```

在将数据写入文本文件之前，最好先将其格式化并打印预览一下，以确保格式美观。

我们可以在名为 TEMP 的变量下创建一个字符串模板：

```
TEMP = """
Title: {}
Snippet: {}
URL: {}
"""
```

这个模板包含以下内容：一篇新闻的标题、不超过 300 个字符的新闻节选以及新闻的 URL，以便选择阅读完整新闻。

我们将把所有这些信息从 final_list 容器中传入 TEMP：

```
for item in final_list:
    title, url = item[0]
    url="https://www.investing.com{}".format(url)
    snippet = item[1][:300]
    print(TEMP.format( title, snippet, url))
```

final_list 列表包含有两个列表的元组。我们要将两个变量从元组分配到第一个列表中：

```
title, url = item[0]
```

为了有可以直接单击的 URL，需要添加 www.investing.com 作为前缀：

```
url = https://www.investing.com{}.format(url)
```

然后，从第二个列表中切片得到前 300 个字符。这个数字可以根据想看到的节选的长度来更改：

```
snippet = item[1][:300]
```

最后，通过 format() 方法将变量传入 TEMP，如图 4.16 所示。

```
In [9]:
TEMP = """
Title: {}
Snippet: {}
URL: {}
"""
for item in final_list:
    title, url = item[0]
    url="https://www.investing.com{}".format(url)
    snippet = item[1][:300]
    print(TEMP.format(title, snippet, url))
```

```
Title: 美联储FOMC决议：Taper速度翻倍 多数委员预计明年加息三次
Snippet: 财联社（上海，编辑 史正丞）讯，北京时间周四凌晨三点，美联储公布12月货币政策委员会决议声明，在维持政策利率不变的情况下，如预期般将缩减债券购买计划的速度翻倍。此外在季度经济预期中，市场心心念念的“最鹰点阵图”也成为现实。 从文本措辞变化来看，今年最后一次FOMC决议中也出现了显著的变化。在经济综述部分，美联储虽然继续强调疫情对行业的影响，但也增加了“近几个月来就业稳健增长，失业率实质性降低”这样的描述。美联储同时表示，疫情和经济重启引发的供给失衡继续成为通胀水平持续走高的推手。具有标志性意义的是，美联储在12月声明中删除了有关“主要由暂时性因素引发通胀提升”的表述。 有趣的是，美联储在12月
URL: https://www.investing.com/news/stock-market-news/article-2069703


Title: “木头姐”新基金又翻车了：上市一周累跌近5%，只有1900万美元资金流入
Snippet: 英为财情Investing.com - 上周三，“木头姐”Cathie Wood推出了新基金ARK Transparency ETF (NYSE:CTRU)，上市首日收涨1.5%。然而，在亮相一周之后，这只ETF已经累计下跌接近5%。 根据晨星数据显示，到目前为止，这只ETF仅仅吸引了1900万美元的资金买入——考虑到“木头姐”的名气，这个金额无法让市场感到满意。今年3月份，当ARK Invest推出ARK Space Exploration & Innovation ETF时，当周就吸引了超过5亿美元资金。 与其他ARK基金不同的是，ARK Transparency ETF并不是
```

图 4.16　用模板将文本格式化为可读格式

看起来很不错。那么，接下来就可以把 TEMP 写入文本文件了。先用 open() 函数来初始化一个新建的对象 report：

```
report = open("report.txt", "w")
```

最后，把 TEMP.format(title, snippet, url) 语句传入 write() 方法。

```
for item in final_list:
    title, url = item[0]
    snippet = item[1][:300)
    print(TEMP.format( title, snippet, url))
    report.write(TEMP.format(title,snippet,url))
```

最终的 report.txt 文件如图 4.17 所示。

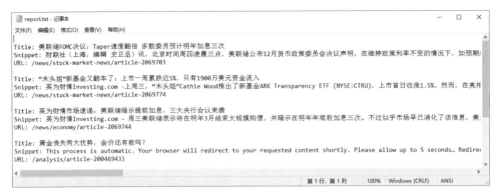

图 4.17　网页抓取操作的最终输出被存储在文本文件中

如你所见，网页抓取的过程本身并不复杂。我认为它只是比较耗时间。因为，为了提取出某个元素，需要花一些时间才能找到正确的标签和属性。

此外，数据清洗也需要一些时间。请记住，网站会被定期维护，网站开发人员可能会重命名一些属性或改变网站的布局。如果网站的开发者更改了一些东西而使代码失效了的话，我们将不得不从头开始再全部做一遍。

4.3　用 Selenium 进行网页抓取

网站在很大程度上依靠于 JavaScript 的库在无需重新加载网页的情况下更新信息。我不想过多地探讨网页开发，因为这不在本书涵盖的范围之内。简单来说，网页上的一些元素是在用户端生成的，BeautifulSoup 库无法接收这些内容。在这些情况下，就要用 Selenium 这个库来模拟网页浏览器的体验了。Selenium 最初是为网络应用程序测试目的而开发的，但很快它就成为了自动化和收集数据的流行工具。Selenium 的特性允许模拟鼠标和键盘动作。你可以写一个用鼠标单击翻页的脚本，或是一个在网页上的在线表格中输入信息的脚本。

不幸的是，Selenium 不是 Anaconda 自带的库，需要额外安装。Selenium 是一个第三方库，想要安装的话，需要用到 PIP 或 Conda 这样的软件包管理器。

Python 软件包管理器也称为 PIP，是一种简单而可靠的内置辅助工具，用于查找和安装 Python 库。尽管 PIP 是 Python 最新版本中的一个标准功能，但有时还是需要额外启动。

在 macOS 中，需要在搜索框中搜索 Terminal，或者在 Launchpad 中寻找"其他应用"。请不要使用运行 Anaconda 内核的 Terminal 窗口。要确保在 Terminal 中通过菜单打开一个新窗口，依次单击以下选项：Terminal → Shell → New Window。

在这个新的终端窗口中，运行 pip -- 版本命令来检查计算机内是否已安装 PIP 版本。

```
pip - version
```

若是出于某些原因，而得到了 pip command not found 这样的错误信息，那么请用以下代码启动 PIP：

```
sudo easy_install pip
```

这条 Sudo 命令提示你输入密码来获得计算机的管理安装权限，然后启动 PIP。如果 sudo easy_install pip 语句不起作用，那么请在浏览器中访问 python.org/downloads，从官方 Python 下载页面安装 Python。然后，再次执行 sudo easy_install pip 命令。

如果是 Windows 用户，请单击位于左下角的搜索框，并输入 CMD，也就是命令提示符。打开命令提示符窗口，如果想要查看是否已经安装了 PIP，请输入并运行以下代码：

```
pip --version
```

如果返回的响应中含有版本号，就意味着计算机上已经有 PIP 了。若不然，就需要下载 PIP 模块。

如果返回的信息显示 pip command not found，请进入 Python 的官方下载页面（www.python.org/downloads）并下载最新版本的 Python。在安装的第一步中，请勾选底部的 Add Python 3.9 to PATH 选项，如图 4-18 所示。安装过程结束后，关闭并重新打开命令提示符。

图 4-18　在 Windows 上安装 Python 并将其添加到 PATH 中

再次尝试运行 pip --version 命令。如果问题仍然存在，请下载 get-pip.py2 文件[③]。一般情况下，最好把 get-pip.py 文件保存到下载文件夹中。为了用 get-ip.py 文件安装 PIP，需要打开一个新的命令提示符窗口，用 cd 命令导航到 Downloads 目录，改变目录。

```
cd Downloads
```

进入下载目录后，执行 get-pip.py 文件：

```
python get-pip.py
```

现在，pip --version 命令应该能正常工作了，我们可以用 pip install <package> 语句来安装 Python 库。在某些情况下，PIP 命令还是会产生错误信息，请参考以下网址中的官方 Python 文档：https://packaging.python.org/tutorials/installing-packages/。

PIP 准备就绪后，就可以开始安装 Python 包了。在 Anaconda 中添加第三方库时，最好使用 Anaconda Navigator 直接打开 Terminal 或命令提示符。

第 1 步：在 Anaconda Navigator 的左侧菜单中，单击 Environments 并导航到 Base（root）。

第 2 步：在 Base (root) 的旁边应该有一个播放按钮，单击这个按钮，会看到一

---

③　网址为 https://bootstrap.pypa.io/get-pip.py。

个菜单，其中的第一个选项是 Open Terminal。

第 3 步：单击 Open Terminal，启动 Terminal 窗口。之后，一个新 Terminal 窗口就会弹出来。

第 4 步：在 Terminal 窗口中运行以下 PIP 命令来安装 Selenium 或任何其他库：

```
pip install selenium
```

除了安装 Selenium 之外，还需要下载一个 Chrome 驱动程序。Selenium 适用于任何网页浏览器。但因为 Chrome 浏览器更具普遍性并且内置开发者工具，所以在本例中我们将使用 Chrome 浏览器。在下载驱动之前，请检查电脑上安装了什么版本的浏览器。可以在 Chrome 设置中的"关于 Chrome"一栏中找到这一信息。我们要看的是一长串版本号的前两位数字。目前，我的 Mac 上运行的是谷歌浏览器大版本是 87。

了解这个信息后，访问 https://chromedriver.chromium.org/downloads，在其中找到并下载和浏览器版本以及操作系统匹配的驱动程序。

如果在 https://chromedriver.chromium.org/downloads 网页中的"Current Releases"部分中无法找到和你的 Chrome 浏览器版本相匹配的驱动程序，我建议更新一下浏览器。驱动程序被压缩成一个 zip 文件。解压后，将 ChromeDriver 保存到 Jupyter Notebook 或 Python 文件所在的电脑目录下。确保自己知道 ChromeDriver 保存在哪里，因为你需要提供它的完整路径。

4.4 Selenium

我想用一个抓取 amazon.com 的案例来介绍 Selenium。我们要打开 amazon.com 上的任意商品页面并收集该商品的信息。新建一个 Jupyter Notebook，在导入 Selenium 后，让它与 ChromeDriver 连接：

```
from selenium.webdriver import Chrome
```

我将新建一个名为 driver_path 的变量，并为 ChromeDriver 分配相应的路径。Chapter4 是我电脑上的一个文件夹，我把 Jupyter 文件和 ChromeDriver 单独保存在这里，programwithus 是我的主目录。请注意，对一些 Windows 用户来说，可能需要在引号前加一个 r。对于 Mac 用户而言，这是可选的。另外，Windows 用户需要输入包含 .exe 扩展名的完整文件名，比如 chromedriver.exe。

Mac 用户可以输入以下语句：

```
driver_path = "/Users/programwithus/Chapter4/chromedriver"
```

Windows 用户输入以下语句：

```
driver_path = r"/Users/programwithus/Chapter4/chromedriver.exe"
```

在同一个单元格中，将 driver_path 传入之前从 Selenium 导入的 Chrome() 函数。

```
page = Chrome(executable_path=driver_path)
```

运行该单元格中的代码，Chrome() 函数会启动一个浏览器窗口，其中有一个注释显示："Chrome 正收到自动测试软件的控制。"现在，page 变量中保存的是一个由 Python 代码管理的浏览器实例。如果得到了这样的错误信息 'chromedriver.exe' executable needs to be in PATH，就说明输入的路径中并不存在 chromedriver.exe，请再次检查 driver_path，确保它能正确指向 ChromeDriver 文件。

弹出浏览器窗口后，就可以开始抓取数据了。抓取过程和之前用 BeautifulSoup 的抓取过程大同小异。首先，需要获取网站。用 page 变量来保存 Python 库 Selenium 的对象。然后，在 Selenium 的对象中找到用于获取 HTML 元素的标签和属性。不过这一次，SeleniumChrome() 函数将取代 quests.get() 方法和 BeautifulSoup() 函数。

导航到 amazon.com，选一个自己喜欢的商品。我选择了智能可视化门铃。可以在以下网址找到它：www.amazon.com/dp/B08N5NQ869。

在这个例子中，可以选择 amazon.com 上的任何商品。通常情况下，亚马逊的 URL 会比 www.amazon.com/dp/B08N5NQ869 长很多。Amazon 和其他大公司会收集很多关于他们客户的市场信息（比如客户所在地区、浏览器和时区等信息）并将这些信息添加到 URL 中的问号之后。符号后的这些额外参数对我们而言并不重要，可以删去。简而言之，在亚马逊上销售的任何商品都有一个 ASIN 亚马逊标准识别码，也就是一个独一无二的标识符。ASIN 是商品 URL 中的 /dp/ 之后的那部分。

事实上，所有 URL 基本都包含某种独一无二的标识符，要么是数字 ID，要么是 slug。Slug 是 URL 独特的一部分，指代特定信息。举个例子，有这样一个链接：www.cnn.com/style/article/new-years-eve-ball-design-history/index.html。这个 URL 中的 new-years-eve-ball-design-history 是独一无二的，在浏览器中输入这个 URL 并按下 Enter 键，可以看到 CNN 发表的一篇文章，标题为"A brief history of the Times Square New Year's Eve ball drop"。因此，如果想获取网页，请先花几分钟时间了解一下这个网站的 URL 有什么模式。

在亚马逊中，所有商品都存储在 ASIN 下的数据库中，可以通过 www.amazon.com/bp/ 加上 ASIN 来访问。亚马逊 URL 中的其他内容都是可选参数。

用 Selenium 对象的 get() 方法向亚马逊服务器对以下 URL 的请求：www.amazon.com/dp/B08N5NQ869，代码如下：

```
page.get("https://www.amazon.com/dp/B08N5NQ869")
```

get() 方法将启动一个浏览器窗口并返回智能可视化门铃页面，如图 4.19 所示。

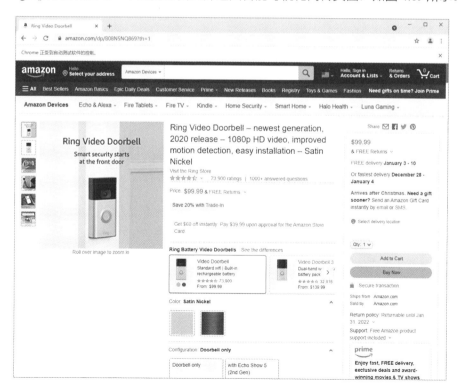

图 4.19　Selenium 控制着 Chrome 浏览器，打开一个商品页面

我们想从以上页面中收集商品名称和价格的信息。现在，首先要像前面那样找出用于获取 HTML 元素的标签和属性。选中商品名称，然后单击鼠标的右键，在 Chrome 开发者工具中检查该元素。

如图 4.20 所示，Chrome 开发者工具中的商品名称与页面上的标题完全一致。

图 4.20　用 Chrome 开发者工具检查网页元素

如果出于某种原因而无法看到对应的标题，请再单击一次检查。

我们需要选一个 HTML 标签来抓住这个元素。和前面的例子一样，我们可以通过类来获取 HTML 元素。然而，我认为 a-size-large 类（如图 4.20 所示）可能也被用在了该页面的其他地方。相比而言，id 属性是一个更好的选择，因为 id 是惟一的。productTitle 这个 id 不能在同一页的其他 HTML 代码中再次使用。想按 id 获取标题的话，需要使用 Selenium 的 find_element_by_id() 方法。可以通过查阅文档[④]或对存储在 page 变量下的对象执行 dir() 函数，找到所有可用的 Selenium 定位元素的方法：

```
dir(page)
```

find_element_by_id() 方法非常好用，只需要传入元素的 id 属性即可。Selenium 定位元素的方法会返回对象，而将其转换为字符串需要用到 text() 方法。

在同一个单元格中，创建一个用于保存商品名称的 title 变量，并用 find_element_by_id() 方法获取信息：

```
title = page.find_element_by_id("productTitle")
title = title.text
print(title)
```

---

④　https://selenium-python.readthedocs.io/locating-elements.html

商品价格也可以用同样的步骤来获取。如果选中商品价格并检查，就会看到 99.99 美元的价格对应的是 priceblock_ourprice 这个 id。如果打开了亚马逊上另一个商品的页面，价格的 id 属性可能并不一样。据我调查，亚马逊也会将 priceblock_dealerprice 用作价格的 id。

我将在同一个单元格中获取商品的价格。这一次，我将对 page.find_element_by_id() 链接一个文本方法。

```
price = page.find_element_by_id("priceblock_ourprice").text
print(title, price)
```

现在，你可能已经打开了两三个 Chrome 浏览器窗口。在得到需要的信息后，close() 方法将会关闭浏览器窗口。

可以在图 4.21 中看到成功获取的商品名称和价格。

```
In [1]:  1  from selenium.webdriver import Chrome

In [4]:  1  driver_path = r"/Users/programwithus/Chapter4/chromedriver"
         2  page = Chrome(executable_path=driver_path)
         3  page.get("https://www.amazon.com/dp/B08N5NQ869")
         4  title = page.find_element_by_id("productTitle")
         5  title = title.text
         6  price = page.find_element_by_id("priceblock_ourprice").text
         7  print(title, price)
         8  page.close()
Ring Video Doorbell – 1080p HD video, improved motion detection, easy installation – Sat
in Nickel (2020 release) $99.99
```

图 4.21　从 amazon.com 获取商品的名称和价格

Selenium 库是一种真正的自动化解决方案。除了从 HTML 中抓取数据外，还可以用它来填写网络表格以及模仿鼠标单击。假设我们需要收集亚马逊上所有智能可视化门铃的信息。首要任务是找到该类别中的所有 ASIN。

亚马逊网页顶部有一个搜索框。通过编程，我们可以让 Selenium 库输入感兴趣的商品名称并提交搜索。为了做到这一点，需要用到 Selenium 库的 Keys 模块。Keys 模块能实现所有主要的键盘功能。

最上面单元格中的 Selenium Webdriver 导入 Chrome 这条语句之后导入 Keys 模块，并重新运行该单元格：

```
from selenium.webdriver import Chrome
from selenium.webdriver.common.keys import Keys
```

在下一个单元格中，将现在的 title 和 price 语句改为注释，并将我们之前用的商品 URL 替换为 www.amazon.com，也就是亚马逊的首页，如图 4.22 所示。

```
In [1]:  1  from selenium.webdriver import Chrome

In [*]:  1  driver_path = r"/Users/zz432/chromedriver.exe"
         2  page = Chrome(executable_path=driver_path)
         3  page.get("https://www.amazon.com/")
         4  #title = page.find_element_by_id("productTitle")
         5  #title = title.text
         6  #price = page.find_element_by_id("priceblock_ourprice").text
         7  #print(title, price)
         8  page.close()
```

图 4.22　设置 Selenium，在网页的搜索框中输入数值

在向搜索框中填写所需的商品名称之前，我们需要在 HTML 代码中定位输入。在网页浏览器中打开 www.amazon.com，将鼠标移动到搜索框上，单击右键并检查该元素，查看我们可以用什么属性来在 HTML 中抓取该元素。我认为 id="twotabsearchtextbox" 是用于抓取文本框的完美选择，如图 4.23 所示。

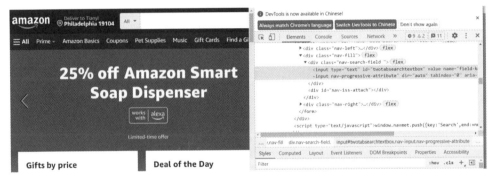

图 4.23　在 Chrome 开发者工具中检查网页元素

定位到 HTML 中的搜索框后，可以使用 send_keys() 方法，将任意文本传入搜索框中：

```
prompt = page.find_element_by_id("twotabsearchtextbox")
prompt.send_keys("ring video doorbell")
```

尝试输入以上代码，并检查它是否向搜索框中添加了内容。

如果一切正常，就可以用 Enter 键来表示单击表单上的提交按钮。

```
prompt.send_keys(Keys.ENTER)
```

Keys.ENTER 将模拟键盘上的 Enter 键的动作，触发搜索行为。

在图 4.24 中，可以看到我们已经成功地在搜索框中输入了商品的名称，并搜到了该类别中所有的商品。智能可视化门铃在一个不同的页面中列出。

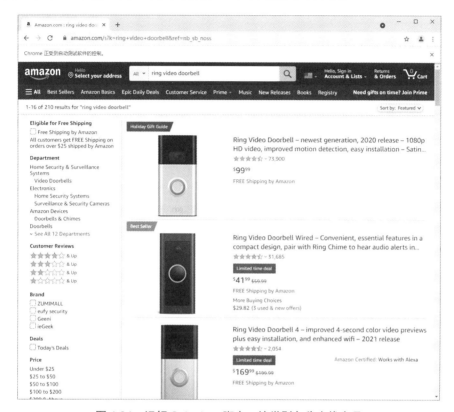

图 4.24　运行 Selenium 脚本，按类别名称查找商品

为了收集所有可用的智能可视化门铃的信息，我们需要从页面上收集所有 ASIN，这样就可以一个一个地提取它们了。选中页面上的一个项目，并尝试找出抓取 ASIN 的办法。显而易见，每个项目都被包含在 <div> 标签中，这是一个通用的 HTML 容器，带有 data-asin 属性，如图 4.25 所示。data-asin 属性保存了 <div> 容器中的商品的 ASIN。你可能会问："一定要用 adata-asin 属性吗？还有没有其他办法？"也许确实有其他方法可以提取出所需元素。我鼓励你大胆做个实验。data-asin 属性在这个例子中是独一无二的。在其他情况下，比如在不同的网页中，可能会有其他属性或 HTML 标签比 data-asin 属性更合适。并且，亚马逊的开发人员未来可能会用其他东西来代替 data-asin 属性。这就是为什么检查是网页抓取过程中一个重要的组成

部分。网页抓取的重中之重是调查和寻找能帮助抓取元素的标签或属性。我花了好几分钟才意识到，在这个案例中，可以用 data-asin 来从页面上获取 ASIN。

图 4.25　在 Chrome 开发者工具中检查带有商品信息的 div 容器

直接抓取 data-asin 属性并不简单。我们需要获取页面上每个商品的整个 <div> 容器，然后提取 data-asin 属性的值。这个任务还会越来越复杂。如图 4.24 所示，<div> 容器没有独一无二的 id，因此，我们需要使用 Selenium 的另一个方法。在 page 对象上运行 dir() 函数，在所有方法的列表中，可以找到 find_elements_by_class_name() 方法。在 find_elements_by_class_name() 的帮助下，利用 s-result-item 类，如图 4.25 所示，我们可以获得页面上所有商品的 <div> 容器：

```
asin_numbers = page.find_elements_by_class_name("s-result-item")
```

find_elements_by_class_name() 方法返回存储在 asin_numbers 变量下的 Selenium 元素的列表。通过应用 text() 方法，可以将它们转换为字符串：

```
rings = [item.text for item in asin_numbers]
```

或是提取 data-asin 属性，如以下代码所示：

```
asin_list = [item.get_attribute ('data-asin') for item in asin_numbers]
print(asin_list)
```

在使用 get_attribute（'data-asin'）之后，该网页的所有 ASIN 都存储到了 asin_list 中，如图 4.26 所示。不包含 data-asin 属性的容器将会返回空字符串：''。这没什么，我们之后会处理空值的问题。

```
In [1]:  1  from selenium.webdriver import Chrome
         2  from selenium.webdriver.common.keys import Keys

In [2]:  1  chromedriver = r"/Users/programwithus/Chapter4/chromedriver"
         2  page = Chrome(executable_path=chromedriver)
         3  page.get("https://www.amazon.com")
         4  prompt = page.find_element_by_id("twotabsearchtextbox")
         5  prompt.send_keys("ring video doorbell")
         6  prompt.send_keys(Keys.ENTER)
         7  asin_numbers = page.find_elements_by_class_name("s-result-item")
         8  rings = [item.text for item in asin_numbers]
         9  asin_list = [item.get_attribute('data-asin') for item in asin_numbers]
        10  print(asin_list)
        11
        12  # title = page.find_element_by_id("productTitle")
        13  # title = title.text
        14  # price = page.find_element_by_id("priceblock_ourprice").text
        15  # print(title, price)
        16  # page.close()

['B08N5NQ69J', 'B0849J7W5X', 'B07GG3XXNX', '', '', 'B07GTHT6QP', 'B085VHPH8P', 'B01DM6BD
A4', 'B0842BYVSY', 'B085DVTYHN', 'B07NZ28XZP', 'B086F24DK9', 'B072QLXK2T', 'B07N9WW7CG',
'B08PL9YFBY', 'B08F1DYRBM', 'B07X134Z5Y', 'B082XG5LR8', 'B01N9EX0YR', 'B00TZA09D0', 'B07
WHMQNPC', 'B083Y92DG4', 'B085DVTYHN', 'B07ZJS3L5Y', '', '', '']
```

图 4.26　获取网页上所有商品的 ASIN

收集了智能可视化门铃的 ASIN 后，就可以开始获取每个商品的详细信息，并将信息存储到一个 CSV 文件中。

Python 自带一个用于处理 CSV 文件的 CSV 模块。我们将用它把收集到的信息写入 CSV 文件。因为 CSV 是一个内置的模块，所以无需另行下载和安装。但我们仍然需要在最上方的单元格中导入它：

```
import csv
```

为了获得列表中每个智能可视化门铃的详细信息，我们将需要获取它们的商品页面，并从每个页面中获取标题和价格。此外，我们还将从每个商品页面中收集商品详情。

我们已经设法获得了商品的名称和价格。现在，要访问 www.amazon.com/dp/B08N5NQ869，通过抓取商品卖点来获取商品详情。看起来所有卖点都位于 <div> 容器中，id 则都是 feature-bullets。我们将利用熟悉的 find_element_by_id() 方法抓取它们。

现在，是时候将所有语句整合到一起了。我们要组装一个收集商品信息的小爬虫，从在亚马逊上找到商品到最后保存数据，都由它来完成。我将逐步编写代码，并在最后把整个解决方案完整地写出来。

回到包含很多 ASIN 的列表上。我们要遍历这个列表，并将每个 ASIN 附加到 www.amazon.com/dp/ 后，以这种方式来获取亚马逊商品详情页面。在现实生活中，利用网页抓取信息时，有很多潜在的威胁。Wi-Fi 可能连接不上，亚马逊可能会下架某个商品。此外，有些元素可能不会返回值，比如 asin_list 中的空字符串。出现了这些问题中的任何一个都可能导致代码出错，从而中断整个过程，而且仅仅因为一两个有问题的 URL 或页面，就会导致所有信息都无法得到。当你处理数以千计的网页时，这种事情无疑是非常令人沮丧的。为了避免这种情况，让代码即使在途中遇到障碍时也能继续运行，我们要把每条语句都放入 try 块和 except 块中。

异常处理是避免 Python 代码返回错误信息后停止运行的好的手段。让我以亚马逊案例来说明一下异常处理的作用：

```
for number in asin_list:
    try:page.get("https://www.amazon.com/dp/{}".format(number))
    print("fetching {}".format(number))
    except:
    print("could not get the page for {}".format(number))
```

以上代码中，程序在 asin_list 中循环浏览所有收集到的 ASIN，并将每个 ASIN 传入 format() 字符串方法中，追加到亚马逊的 URL 后。Selenium 的 page.get() 方法将从服务器上提取每个商品页面。如果亚马逊服务器返回有效响应，page 变量会保存它，我们可以从 Selenium 对象中解析出一些元素。然而，如果 URL 失效，或是服务器出于某种原因没有响应，代码将跳转到 except 块并打印 Could not get the page for some ASIN，而不是显示一条错误信息并停止运行。

如果 try 块中的语句失败了，except 块将阻止弹出错误信息。等 except 块中的所有语句被执行后，Python 就会在 for 循环中继续其正常进程。就前面的例子而言，Python 将尝试在 asin_list 中获取下一个网页。

try 块和 except 块是避免代码崩溃的首选。很多时候，它们被用来捕获错误信息，以便可以仔细看看什么地方出了问题。有时，专业开发人员会在 except 块中放置一个函数，其作用是在出现异常时向他们发送消息，以便快速发现问题。

另外，在 for 循环中，我们还将定义一个空的列表，用来存储一个商品所有查找

到的信息。如果遇到了缺失标题和价格数据的页面,就把它定义为 None:

```
for number in asin_list:
   data = []
   title = None
   price = None
   try:
      page.get("https://www.amazon.com/dp/{}".format(number))
      print("fetching {}".format(number))
   except:
      print("could not get the page for {}".format(number))
```

接下来,我们将尝试获取商品标题。如果页面中没有 id="productTitle"的话,except 块将打印 productTitleis not there。

```
try:
title = page.find_element_by_id("productTitle").textexcept:
print("productTitle is not there")
```

正如我先前提到的,价格元素有点棘手。亚马逊对价格元素使用许多不同的 id 属性,我发现有两种:id="priceblock_ourprice"和 id="priceblock_dealprice"。如果商品已经卖完,而且商品页面上写着 Currently unavailable(当前不可用),那就没有价格元素了。这时,就只能把 price 设置为 None。

```
try:
   price = page.find_element_by_id("priceblock_ourprice").text
except:
   print("priceblock_ourprice is not there")
try:
   price = page.find_element_by_id("priceblock_dealprice").t
except:
   print("priceblock_dealprice is not there")
```

获取到的商品标题和价格应该添加到 data 列表中:

```
data.extend([title,price])
```

商品卖点将由 id="feature-bullets"抓取并保存到 bullets_list 里的新一行中。bullets_list 值同样会扩展 data 列表:

```
try:
```

```
    bullets = page.find_element_by_id("feature-bullets").text
    bullets_list = bullets.split("\n")
    data.extend(bullets_list)
except:
    print("feature-bullets id is not there")
```

最后，我们将把 data 列表写入名为 amazon-results 的 CSV 文件。回到上面，使用 open() 函数，定义一个文件对象。CSV 模块自带 write() 方法，可以将 data 列表作为一行插入到 CSV 文件中：

```
csv_file = open("amazon-results.csv", 'w')
writer = csv.writer(csv_file)
```

因为在将 data 写入文件之前，一些页面没有生成任何结果，所以需要检查第一个元素是否为 None。如果 data 列表包含信息，就把它作为一行添加到 amazon-results.CSV 文件中。以下 if 块应该放在 for 循环的作用域内：

```
if data[0] != None:writer.writow(data)
```

最后，在 for 循环之外，保存文件对象并关闭浏览器窗口，如图 4.27 所示。

```
csv_file.close()
page.close()
```

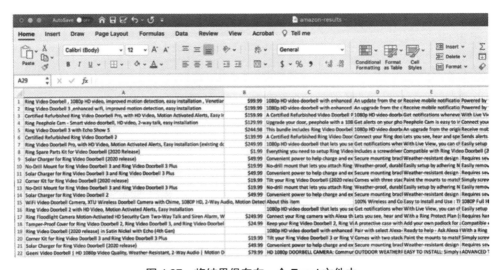

图 4.27　将结果保存在一个 Excel 文件中

最后，代码将生成 amazon-results.CSV 文件，保存在 Jupyter Notebook 所在的文件夹目录中。每个商品都单独一行，商品详情用逗号分隔。在图 4.27 中，可以看到用 Excel 打开的 amazon-results.CSV 文件。

正如我前面所承诺的那样，下面是用 Selenium 库来完成亚马逊网页抓取案例的完整解决方案：

```
# 导入包
from selenium.webdriver import Chrome
from selenium.webdriver.common.keys import Keys
import csv
# 启动 CSV 文件
csv_file = open("amazon-results.csv", 'w')
writer = csv.writer(csv_file)
#ChromeDriver 路径
chromedriver = r"/Users/programwithus/Chapter4/chromedriver"
page = Chrome(executable_path=chromedriver)
# 打开 amazon.com 并收集智能可视化门铃的 ASIN
page.get("https://www.amazon.com")
prompt = page.find_element_by_id("twotabsearchtextbox")
prompt.send_keys("ring video doorbell")
prompt.send_keys(Keys.ENTER)
asin_numbers = page.find_elements_by_class_name("s-result-item")
rings = [item.text for item in asin_numbers]
asin_list = [item.get_attribute('data-asin') for item in asin_numbers]
# 获取每个商品的详细信息并将其写入 amazon-results.csv 中
for number in asin_list:
    data = []
    title = None
    price = None
    try:
        page.get("https://www.amazon.com/dp/{}".format(number))
        print("fetching {}".format(number))
    except:
        print("could not get the page for {}".format(number))
    try:
        title = page.find_element_by_id("productTitle").text
    except:
        print("productTitle is not there")
    try:
```

```
        price = page.find_element_by_id("priceblock_ourprice").text
    except:
        print("priceblock_ourprice is not there")
    try:
        price = page.find_element_by_id("priceblock_dealprice").text
    except:
        print("priceblock_dealprice is not there")
        data.extend([title,price])
    try:
        bullets = page.find_element_by_id("feature-bullets").text
        bullets_list = bullets.split("\n")
        data.extend(bullets_list)
    except:
        print("feature-bullets id is not there")
    if data[0] != None:
        writer.writerow(data)
# 保存文件并关闭浏览器
csv_file.close()
page.close()
```

4.5 使用 API

我们前面一直在处理 HTML 网页。我在本章的开头提到了客户端/浏览器和服务器之间的关系。浏览器接收 HTML，并将其呈现为图像和各式各样的文本。

我们人类希望看到信息以丰富多彩的方式呈现。但设备这样的客户端则不需要看到图像和颜色。一个向服务器发送请求的设备也是一个客户端。举例来说，现在的智能冰箱可以在你的牛奶用完时，自动向超市订购牛奶。再比如交换 Facebook 信息的智能手机以及从服务器接收天气预报的汽车，这些设备都是客户端。这些设备接收无样式和颜色的简单格式的数据。它们使用的数据格式是以字符串形式出现的 JSON（JavaScript 对象表示法）。服务器可以根据客户端的请求，以 HTML 或 JSON 的形式发送数据。

通常来讲，JSON 来自于 API，一个专门设计用于与计算机应用或设备进行通信的接口。

如果你的工作与金融数据分析相关，那么可以订阅彭博社的 API。如果你从事数字化营销方面的工作，并且需要从谷歌分析中接收信息，可以考虑用谷歌分析报告 API。事实上，谷歌甚至专门有个 Python 库来帮助开发者连接到他们的 API 并访问所有谷歌应用。我们将在本书的后面部分中用到 Python 的这个库。

所有 API 的设计都是不同的，大多数情况下，公司都有开发者文档，解释如何使用这些 API 以及如何获得认证。有些 API 是免费的，有些则需要付费订阅。

这里要探索一个很受欢迎的金融数据来源 Alpha Vantage。在下面的例子中，我将详细解释使用 API 的主要原则。

所有 API 供应商都要求进行某种认证，Alpha Vantage 也不例外。和其他 API 服务相比，获得一个 Alpha Vantage 的 API 密钥是非常容易的，请访问 www.alphavantage.co/support/#api-key。只需要回答两个简单的问题并提供电子邮件地址即可。请自行获取一个 API 密钥，因为我下面使用的这个密钥会失效：

```
Welcome to Alpha Vantage! Your API key is: H3O6KYGYZ91V4ZEV. Please record this API key at a safe place for future data access.
```

API 密钥同时也是用户的 ID 和密码。API 密钥的作用是对请求信息的人或设备进行认证。另外，使用付费服务时，请确保账户是现金账户。

探索 API 的第一步就是阅读 API 供应商的开发文档。我们并不熟悉 Alpha Vantages 服务，所以最好先看看开发文档：www.alphavantage.co/documentation/。

Alpha Vantage 提供了好几个 API，可以用来获取股票价格、公司的基本数据、外汇、加密货币和技术指标。我们将用 TIME_SERIES_DAILY_ADJUSTED 这个 API 来获取股票的历史每日价格。

文档中给出的演示 URL 如下所示：

```
https://www.alphavantage.co/query?function=TIME_SERIES_DAILY_ADJUSTED&symbol=IBM&apikey=demo
```

在浏览器中打开这个 URL，会看到包含 IBM 股票的开盘价、最高价、最低价和收盘价的 JSON 数据。如果仔细观察，会发现 JSON 和 Python 字典数据类型有些相似。

演示 URL 让我们对如何使用 API 有了更深入的了解。API 末端的 IBM 可以用任何其他股票的代号替换。在 apikey=demo 参数中，应该将 demo 改为你得到的 API 密钥。

接下来，我们将用 time series API 来获取 AAPL 的历史价格，并将其存储为 DataFrame 存储。新建一个 Jupyter 文件，导入这个例子需要用到的 Requests 和 Pandas 库：

```
import requests
import pandas as pd
```

我们需要将 API 密钥定义为一个字符串，还要定义 API 的 URL 以及想了解的股票的代号。

```
API_Key = "H3O6KYGYZ91V4ZEV"
url = "https://www.alphavantage.co/query?function=TIME_SERIES_DAILY_ADJUSTED&symbol={}&apikey={}"
stock = "AAPL"
```

在 URL 中，我已经将 IBM 代号和 demo 替换成了 {}。之后，我们将用字符串方法 format() 在其中插入我们自己的值。

现在，我们需要用 requests.get() 方法向服务器发送一个请求。我们将把 AAPL 与之前定义的 stock 变量和 API_Key 一起传入 requests.get() 方法。Python 的 format() 字符串方法可以使代码更加简洁，而且还能轻松地将 AAPL 替换成其他代号：

```
data = requests.get(url.format(stock, API_Key))
```

运行代码，data 返回 200，这意味着一切正常，我们成功地从 API 获取了信息。正如前面所讲的，Python 的 Requests 库支持不同的数据类型，由于 API 提供 JSON，所以我们要使用 json() 方法来提取值。可以直接把 json() 和 requests.get() 连在一起：

```
data = requests.get(url.format(stock, API_Key)).json()
```

最后，我们从 Alpha Vantage 的 API 收到的数据如图 4.28 所示。

```
In [1]: 1  import requests
        2  import pandas as pd

In [2]: 1  API_Key = "H3O6KYGYZ91V4ZEV"
        2
        3  url = "https://www.alphavantage.co/query?function=TIME_SERIES_DAILY_ADJUSTED&symbol={}&apikey={}"
        4  stock = "AAPL"
        5
        6  data = requests.get(url.format(stock, API_Key)).json()
        7  data

Out[2]: {'Meta Data': {'1. Information': 'Daily Time Series with Splits and Dividend Events',
          '2. Symbol': 'AAPL',
          '3. Last Refreshed': '2021-12-17',
          '4. Output Size': 'Compact',
          '5. Time Zone': 'US/Eastern'},
         'Time Series (Daily)': {'2021-12-17': {'1. open': '169.93',
           '2. high': '173.47',
           '3. low': '169.69',
           '4. close': '171.14',
           '5. adjusted close': '171.14',
           '6. volume': '194282094',
           '7. dividend amount': '0.0000',
           '8. split coefficient': '1.0'},
          '2021-12-16': {'1. open': '179.28',
           '2. high': '181.14',
```

图 4.28　从 API 中接收数据

JSON 的语法和 Python 的字典很相似。每当处理新的源数据时，我都会用到 type() 函数。将 data 传入 type() 函数，Python 可以将其当作字典。

我们从 API 收到了很多信息，但很难直观地分辨出字典中的键。Python 字典方法 keys() 将帮助我们获取所有键：

`data.keys()`

keys() 方法返回了 dict_keys(['Meta Data','Time Series (Daily)'])。我们对 'Meta Data' 不感兴趣，只想仔细研究一下 Time Series (Daily)。data 是一个字典，我们可以通过 Time Series (Daily) 键来获取值。Time Series 也是个字典，所以我们要再次使用 keys() 方法：

`data['Time Series (Daily)'].keys()`

显而易见，data['Time Series (Daily)'] 也包含作为字典的所有信息。keys() 方法返回被用作键的日期。每个内部字典都包含更多 AAPL 的每日值的键。为了获取它们，你可以对任意日期应用同样的 keys() 方法：

`data['Time Series (Daily)']['2021-01-08'].keys()`

每天都有相同的一组用来保存数值的键：

```
dict_keys(['1. open', '2. high', '3. low', '4. close', '5. adjusted close',
'6. volume', '7. dividend amount', '8. split coefficient'])
```

如果想知道 AAPL 股票在 2021 年 11 月 8 日的收盘价是多少，我会用以下代码来获取，结果如图 4.29 所示。

```
data['Time Series (Daily)']['2021-11-08']['4. close']
```

```
In [3]:   1  data.keys()
Out[3]: dict_keys(['Meta Data', 'Time Series (Daily)'])

In [4]:   1  data['Time Series (Daily)'].keys()
Out[4]: dict_keys(['2021-12-17', '2021-12-16', '2021-12-15', '2021-12-14', '2021-12-13', '2021-12-10', '2021-12-09', '20
21-12-08', '2021-12-07', '2021-12-06', '2021-12-03', '2021-12-02', '2021-12-01', '2021-11-30', '2021-11-29', '20
21-11-26', '2021-11-24', '2021-11-23', '2021-11-22', '2021-11-19', '2021-11-18', '2021-11-17', '2021-11-16', '20
21-11-15', '2021-11-12', '2021-11-11', '2021-11-10', '2021-11-09', '2021-11-08', '2021-11-05', '2021-11-04', '20
21-11-03', '2021-11-02', '2021-11-01', '2021-10-29', '2021-10-28', '2021-10-27', '2021-10-26', '2021-10-25', '20
21-10-22', '2021-10-21', '2021-10-20', '2021-10-19', '2021-10-18', '2021-10-15', '2021-10-14', '2021-10-13', '20
21-10-12', '2021-10-11', '2021-10-08', '2021-10-07', '2021-10-06', '2021-10-05', '2021-10-04', '2021-10-01', '20
21-09-30', '2021-09-29', '2021-09-28', '2021-09-27', '2021-09-24', '2021-09-23', '2021-09-22', '2021-09-21', '20
21-09-20', '2021-09-17', '2021-09-16', '2021-09-15', '2021-09-14', '2021-09-13', '2021-09-10', '2021-09-09', '20
21-09-08', '2021-09-07', '2021-09-03', '2021-09-02', '2021-09-01', '2021-08-31', '2021-08-30', '2021-08-27', '20
21-08-26', '2021-08-25', '2021-08-24', '2021-08-23', '2021-08-20', '2021-08-19', '2021-08-18', '2021-08-17', '20
21-08-16', '2021-08-13', '2021-08-12', '2021-08-11', '2021-08-10', '2021-08-09', '2021-08-06', '2021-08-05', '20
21-08-04', '2021-08-03', '2021-08-02', '2021-07-30', '2021-07-29'])

In [5]:   1  data['Time Series (Daily)']['2021-11-08'].keys()
Out[5]: dict_keys(['1. open', '2. high', '3. low', '4. close', '5. adjusted close', '6. volume', '7. dividend amount',
'8. split coefficient'])

In [6]:   1  data['Time Series (Daily)']['2021-11-08']['4. close']
Out[6]: '150.44'
```

图 4.29 从收到的数据中获取转换为 Python 字典的值

如果想从 Time Series API 获取每天的收盘价，可以在字典中进行迭代。就这个例子而言，我会将 dict_of_prices 用作中间变量，使代码更加简单明了，如图 4.30 所示。

```
In [7]:   1  dict_of_prices = data['Time Series (Daily)']
          2  for key in dict_of_prices:
          3      print(key, dict_of_prices[key]['4. close'])
2021-12-17 171.14
2021-12-16 172.26
2021-12-15 179.3
2021-12-14 174.33
2021-12-13 175.74
2021-12-10 179.45
2021-12-09 174.56
2021-12-08 175.08
2021-12-07 171.18
2021-12-06 165.32
2021-12-03 161.84
2021-12-02 163.76
2021-12-01 164.77
```

图 4-30 遍历 dict_of_prices 字典对象

```python
dict_of_prices = data['Time Series (Daily)']
for key in dict_of_prices:
    print(key, dict_of_prices[key]['4. close'])
```

之所以要介绍以上这些步骤，是为了说明如何从 API 中获取各种值。假设我们想把收到的数据转换成 DataFrame，则可以将 dict_of_prices 或是 data['Time Series (Daily)'] 直接传入 Pandas 的 DataFrame 函数：

```python
df = pd.DataFrame(dict_of_prices)
```

当字典被传入 DataFrame 函数中时，列的值可能会不正确。在这个例子中，pd.DataFrame() 函数将日期用作列名，这并不是个好主意。为了透视二维数据结构，我们将对 DataFrame 中转置的索引和列应用 T 属性：

```python
df = pd.DataFrame(dict_of_prices).T
```

T 属性是 transpose() 方法的访问器，两者可以互换。运行以上语句，更新后的结果如图 4.31 所示。

	1. open	2. high	3. low	4. close	5. adjusted close	6. volume	7. dividend amount	8. split coefficient
2021-12-17	169.93	173.47	169.69	171.14	171.14	194282094	0.0000	1.0
2021-12-16	179.28	181.14	170.75	172.26	172.26	150185843	0.0000	1.0
2021-12-15	175.11	179.5	172.3108	179.3	179.3	131063257	0.0000	1.0
2021-12-14	175.25	177.74	172.21	174.33	174.33	139380382	0.0000	1.0
2021-12-13	181.115	182.13	175.53	175.74	175.74	153237019	0.0000	1.0
...	...	...	...	...	...	...	...	...
2021-08-04	147.27	147.79	146.28	146.95	146.516041166	56368271	0.0000	1.0
2021-08-03	145.81	148.045	145.18	147.36	146.924830393	64786618	0.0000	1.0
2021-08-02	146.36	146.95	145.25	145.52	145.090264107	62879961	0.0000	1.0
2021-07-30	144.38	146.33	144.11	145.86	145.429260051	70440626	0.0000	1.0
2021-07-29	144.685	146.55	144.58	145.64	145.209909734	54323047	0.0000	1.0

100 rows × 8 columns

图 4.31　用内置方法 T 属性来转置 DataFrame

考虑到 API 是以字符串的形式提供 JSON 的，并且 df 中的所有值都不是以数字数据类型存储的，这意味着它们无法用来进行数学计算。不要死记硬背这个知识点，对 DataFrame 运行 info() 方法来检查值的数据类型即可：

```python
df.info()
```

为了对这些值进行处理，需要将其转换为数值类型。逐列转换的话未免太枯燥。因此，我们要使用 applymap() 方法。applymap() 的概念和 apply() 方法很像，都是对数值进行迭代。不同之处在于，applymap() 将被应用于 DataFrame 中的所有值。applymap() 没有 inplace 参数，并且我们还是要用 df 变量来保存转换后的值：

```
df = df.applymap(pd.to_numeric)
```

再次运行 df.info()，会看到所有值的数据类型都被转换为浮点数或整数。我们要做的最后一件事是将 index 值转换为 datetime 对象：

```
df.index = pd.to_datetime(df.index)
```

索引中的 datetime 对象将用于操控数据，举个例子，可以用 DataFrame 中的数据绘制过去四个月的收盘价：

```
df.loc['2021-08-17':'2021-12-17':-1]['4. close'].plot.line()
```

loc 方法切片给出从'2021-08-17'到'2021-12-17'的数据。步长之所以是 –1，因为原本的 DataFrame 是从'2021-12-17'这个索引开始的，而我们需要将其逆转过来。因为要绘制收盘价，所以我们抓取了'4.close'这一列并将其绘制成折线图，如图 4.32 所示。

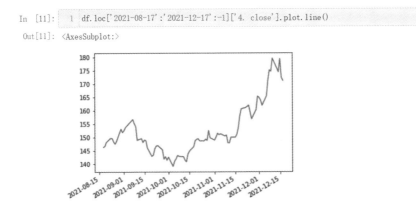

图 4.32　用 DataFrame 中的数据绘图

4.6 工具库 Pandas-Datareader

许多流行的 API 都有像 Pandas-Datareader 这样的工具库。这种小型程序通常是为了数据处理过程的无缝进行而设计的。Pandas-Datareader 统一了雅虎财经、谷歌、纳斯达克、美联储经济数据以及许多其他信息的访问机制。完整的数据提供者名单可以在 Pandas-Datareader 文档中找到[5]。正如 Pandas-Datareader 的名字所表示的，它可以和 Pandas 一同工作，并以 DataFrame 的形式返回收到的信息。

Pandas-Datareader 最初是作为 Pandas 的一部分设计出来的，用于接收远程金融和经济数据，它原本是个附带品，但现在成为了一个独立的 Python 包。我们需要在 Anaconda Navigator → Environments → Terminal 中用 pip 命令单独安装它：

```
pip install pandas-datareader
```

大多数 Pandas-Datareader 数据源都可以通过 DataReader() 函数访问。为了探索 DataReader() 的运作方式，请新建一个 Jupyter Notebook 并导入工具库 Pandas 和 Pandas-Datareader：

```
import pandas as pd
import pandas_datareader.data as web
```

首先，我们从雅虎财经获取 IBM 股票的历史价格。雅虎财经无需注册就可以使用，只需要将股票代号、数据来源和时间范围传入 DataReader() 函数即可：

```
stock_price = web.DataReader('IBM', 'yahoo', '2020-01-01', ' 2021-01-15')
```

开始和结束日期应以字符串或 datetime 对象的形式传入该函数。第一个参数 IBM 可以用其他任何股票代号替换。DataReader() 以 DataFrame 的格式返回价格，我们可以对 stock_price 对象应用 Pandas 函数和方法。

```
stock_price.head()
```

DataReader() 连接到雅虎的服务器，它可能需要一些时间才能取得响应，如图 4.33 所示。

---

[5] https://pydata.github.io/pandas-datareader/readers/index.html

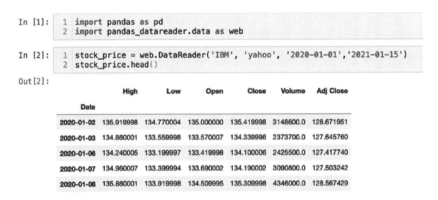

图 4.33　用 DataReader() 函数从雅虎财经接收数据

IEX 交易所（Investors Exchange）是另一个可以用 DataReader() 获取数据的流行数据源。IEX 交易所为个人和专业账户提供大量付费数据。这里，我们将用一个免费账户来说明如何用 DataReader() 函数中的 API 密钥访问 IEX。你可以在 IEX 云平台上注册并申请自己的 API 密钥，网址是 https://iexcloud.io。注册后就可以获得对 API 令牌的访问了。将 API_Key 定义为字符串，并将其用作 DataReader() 的最后一个参数：

```
API_Key = 'pk_e59ab2b8ef8f453184ac0f5f4a53bc24'
msft_prices = web.DataReader('MSFT', 'iex', '2021-01-01', ' 2021-11-15', api_key=API_Key)
```

我在以上代码中使用的 API 密钥只是一个示例，并不是一个有效令牌。

iex 是一个数据源参数，必须使用它来连接到 IEX 交易所。接收到的股价存储在 msft_prices 变量中的 DataFrame 中，如图 4.34 所示。

图 4.34　用 DataReader() 函数从 IEX 交易所接收数据

除了股票市场价格之外，Pandas-Datareader 还提供了对 FRED（圣路易斯联邦储备银行）经济指标的访问。下面来看两个最重要的指标：国内生产总值（GDP）和非农就业数据。

FRED 提供了 1947 年以来的所有 GDP，我们还是可以通过 DataReader() 函数来获取它们。我们需要传入代号 A191RL1Q225SBEA，并将来源改为 fred。可以在 FRED 网站（https://fred.stlouisfed.org）上找到各种经济指数的代号。通常情况下，这个代号紧跟在指标的名字之后，如图 4.35 所示。

```
gdp = web.DataReader('A191RL1Q225SBEA', 'fred', '1947-04-01', ' 2021-11-15')
```

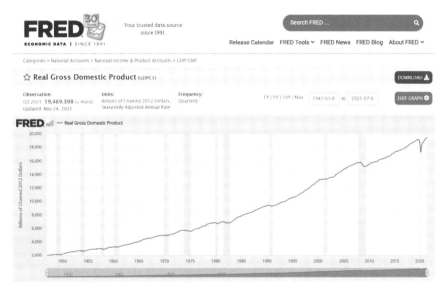

图 4.35　实际国内生产总值的数据，来自 https://fred.stlouisfed.org

我们可以用 plot.line() 方法来绘制数据，并添加一个标题作为参数，如图 4.36 所示。

```
In [6]:  1  gdp = web.DataReader('A191RL1Q225SBEA', 'fred', '1947-04-01', ' 2021-11-15')
         2  gdp.plot.line(title='GDP');
```

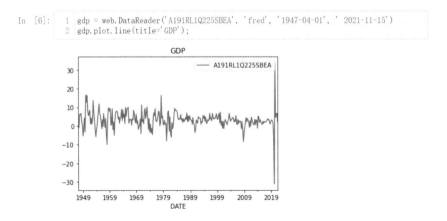

图 4.36　用 DataReader() 函数来绘制来自 FRED 的国民生产总值

与 GDP 类似，我们可以绘制非农就业数据。非农就业数据的代号是 PAYEMS。我们想获取尽可能多的数据，因此，要将开始日期设置为 1939-04-01，一直到 2021 年 12 月为止。

```
nonfarm = web.DataReader('PAYEMS', 'fred', '1939-04-01', '2021-12-01')
nonfarm.plot.line(title=' Total Nonfarm Payrolls');
```

在图 4.37 中，可以看到用 DataReader() 函数来绘制来自 FRED 的历史非农就业数据图表。

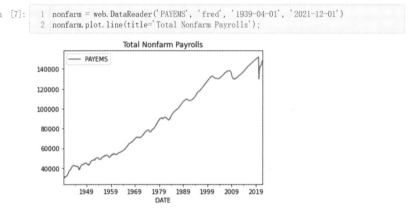

图 4.37 使用 DataReader() 函数来绘制来自 FRED 的非农就业数据图表

本章介绍 API 的主要使用原则。在下一章中，我们将继续使用 API 来收集和分析信息。具体来说，我们要结合 Google Data Python Library，访问流行的 Google 应用。

第 5 章

数据可视化

可视化是数据分析的重中之重。只是收集、处理和分析数据是远远不够的。还需要把你的发现展示出来。数据应该讲述一个故事,而没有图片的故事会显得很沉闷。我们人类是用眼睛来获取信息的,正如有些人说的那样:"一图胜千言。"醒目的图片更容易让人集中注意力。

作为数据科学和机器学习中最流行的编程语言,Python 有许多可视化解决方案。本章中,我们将学习使用最著名的 Python 可视化库 Matplotlib。所有其他的 Python 可视化库要么是在 Matplotlib 的基础之上建立的,要么和 Matplotlib 有着同样的绘制数据的方法。

5.1 可视化库 Matplotlib

在前面的章节中，我们已经通过 Pandas 简单接触了 Matplotlib。现在，是时候深入研究这个广受欢迎的可视化工具包了。

Matplotlib 库是第一个用于绘制数据图表的主要的 Python 库。毫不夸张地说，Matplotlib 是世界上使用最多的 Python 可视化解决方案。Matplotlib 能将数据绘制成不同类型的图表。折线图、柱状图、散点图和直方图这些常用图表类型都可以用 Matplotlib 轻松地绘制出来。除此之外，Matplotlib 还有许多扩展模块可以用来可视化天文、地理或科学数据。

5.2 折线图

Matplotlib 是 Anaconda 自带的。只需要把它导入文件就可以开始使用了。新建一个 Jupyter 文件，然后导入 Matplotlib 的 pyplot 模块：

```
import matplotlib.pyplot as plt
```

Matplotlib 是个很庞大的库，我们不需要将其全部导入，这里只需要导入主要的模块 pyplot.plt 即可。

我想用一个简单的折线图案例来大致介绍一下 Matplotlib。首先，用几个数字创建两个 Python 列表：

```
x = [ 2, 5, 7 ]
y = [ 2, 7, 3 ]
```

x 变量和 y 变量并不是随机挑选的。为了画线，我们需要把各个点连接起来。每个点的位置都对应着两个数字，也就是 x 坐标和 y 坐标。在这个例子中，一共有三个点。接下来，可以用 Matplotlib 的 plot() 函数绘制折线图：

```
plt.grid(True)
plt.plot(x,y, marker="o")
```

我添加了 plt.grid(True) 函数，是想说明每个点的位置是和它来自 x 和 y 列表的坐标相对应的，如图 5.1 所示。

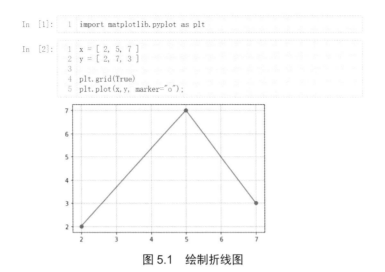

图 5.1 绘制折线图

此外，我还设置了一个选择性的关键字参数：marker="o"，用于表明 plt.plot() 函数是根据我们提供的值来将点连成线的。删去 marker="o" 的话，就只会看到简单的折线了：

plt.plot(x,y)

如果删去语句结尾处的分号，再重新运行 plt.plot(x,y) 表达式，会看到图标上方有这样一行：[<matplotlib.lines.Line2D at 0x7f97da40b9a0>]。

plt.plot() 函数的用法非常简单。只需要向其中传入任意两个迭代变量，比如列表、元组、Pandas Series 或 NumPy 数组的 x 坐标和 y 坐标，plt.plot() 函数就会绘制折线图。

plt.plot() 函数允许你使用各种各样的样式和颜色。变量实在太多了，以至于 plot 函数表明它能接收 *args 和 **kwargs，也就是说，它可以接收多个参数和关键字参数。

把所有可用的标记和样式全部记下来几乎是不可能的。每次需要为图表添加一些花哨的修饰时，我都会运行 help() 函数：

help(plt.plot)

help(plt.plot) 将返回所有可用的图表变量的详情。

我想先从颜色开始，尝试各种各样的绘图样式。颜色可以以不同的格式传入 plot() 函数。如果是三原色的话，可以用颜色的首字母或完整名称，如以下代码所示：

Use "b" or "blue" for blue

```
plt.plot(x,y, color="b")
plt.plot(x,y, color="blue")
use "r" or "red" for red
plt.plot(x,y, color="r")
plt.plot(x,y, color="red")
use "g" or "green" for green
plt.plot(x,y, color="g")
plt.plot(x,y, color="green")
```

若是你觉得用预设颜色很无聊，可以使用 HEX 或 RGB 格式。我推荐访问以下网站查看调色板：https://htmlcolorcodes.com。可以用这个网站查看任意颜色的 HEX 或 RGB 代码。举个例子，如果我想用我最喜欢的浅珊瑚色[①]，则需要输入以下代码：

```
plt.plot(x, y, color="#F08080");
```

或者直接输入颜色的名称：

```
plt.plot(x, y, color="LightCoral")。
```

任何图表都需要有图例和标题。Matplotlib 的两个特殊函数：splt.legend() 和 plt.title()，可以用来为图表添加注释。

不用说，所有可用的 Matplotlib 函数都可以通过 dir(plt) 命令查看。

plt.legend() 函数反映了绘图中显示的数据。它的用法很简单，只需在 plot 中添加 label 关键字参数，然后，plt.legend() 函数就会将其呈现出来：

```
plt.plot(x, y, color="#F08080", label="Line");
plt.legend()
```

图表注释可以放置到图表任意位置。添加代表位置的 loc 参数，并从 Location string 列表中指定位置即可。Location string 列表可以在 help(plt.legend) 返回的函数详情中找到。

我将把 plt.plot() 中的 Line 标签放置在图形的中下方，如图 5.2 所示。

```
plt.plot(x, y, color="#F08080", label="Line")
plt.legend(loc="lower center");
```

---

① 译注：又称活珊瑚橘色（Living Coral，PANTDNE 16-1546）是 2019 年潘通流行色。以金色为基底的活珊瑚橘色，活泼又不失柔和，有积极乐观的鼓舞作用，旨在将大众的视线转向深海，从而加深环保的意识。早在二十世纪六十年代，这个颜色就频频见诸于时尚界、汽车、配饰和海报等场景中。

除了图例之外，还可以用 plt.title() 函数为图表添加标题。图表标签应以字符串的形式传入 plt.title() 函数。plt.title() 函数允许我们指定标签的位置、颜色和字号。使用 loc 参数，标签可以被放置在以下三个位置之一：左（left）、右（right）和默认的中心（center）。为了像 plt.plot() 函数中那样自定义设置标签的颜色，可以传入三原色的名字或 HEX 和 RGB 代码。标签文本的大小应该用 fontsize 关键字来设置。

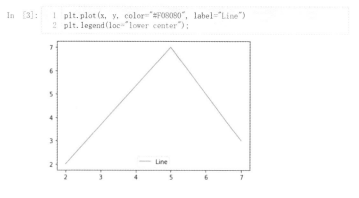

图 5.2　legend() 函数在图标中添加注释

现在，我想绘制一个股价图表。首先要做的是过去历史股票价格。回到文件的第一个单元格，导入工具库 Pandas-Datareader：

```
import pandas_datareader as pdr
```

从雅虎财经获取苹果或其他任意股票在任意日期范围内的历史价格：

```
data = pdr.DataReader("AAPL", "yahoo", "2021-01-01", "2021-12-12")
```

data["Adj Close"] 列将作为 plt.plot() 函数中的 y 参数被绘制在纵轴上。data.index 索引则将代表横轴：

```
plt.plot(data.index, data["Adj Close"])
```

这条绘图语句看起来有些复杂，为了使其更容易懂，我将把 data["Adj Close"] 切片，并将其分配给 y 变量。同时，再将 data.index 分配给 x 变量：

```
x = data.index
y = data["Adj Close"]
plt.plot(x, y)
```

我们增加了两行代码，但这样做是值得的。现在，对于可能会看到这段代码的其他人而言，它非常清晰易懂。此外，在想绘制更多内容时，我们还能更轻松地插入新的数值。

在 plt.plot() 函数中加入 label，并用 plt.legend() 方法在右下角显示这条标签：

```
plt.plot(x, y, color="#196F3D" label="AAPL")
plt.legend(loc=" lower right")
```

在左边添加一个标题，其颜色与股价折线的颜色相同，再将字号设置为 22：

```
plt.title("Apple Inc. Stock Price", loc="left",color="#196F3D",
fontsize=22)
```

运行以上代码，会看到一个美观的图标，带有自定义标题和图例标签。但我对重叠的横轴的值还不是很满意。

Matplotlib 提供的 xticks() 函数和 yticks() 函数可以用来为横轴和纵轴设置自定义标签。在这个例子中，自定义标签很难和 Data.index 值匹配，并且我们将来可能会改变日期范围。所以，为了能看清楚日期，我们要把它们稍微旋转一下。xticks() 函数和 yticks() 函数有一个可以改变文本角度的 rotation 参数。将 rotation 参数设置为 45，可以让 x 标签倾斜 45 度：

```
xticks(rotation=45)
```

最后的图表如图 5.3 所示。试验一下颜色和标签样式。

图 5.3　带有标题和图例的股价图表

我们还可以对图表应用一些其他样式。比如 grid() 函数，其作用是添加任意样式和颜色的网格线：

```
plt.grid(color="brown", linestyle=":")
```

和许多 Matplotlib 函数一样，grid() 的可自定义程度也非常高。可以设置网格线的颜色和线条样式，还可以通过 figure() 方法设置图表的大小。在 Matplotlib 中，figure 这个词指的是绘制出的数据。图表的大小是用 figsize 关键字来设置的。宽度和高度应该作为列表或元组来传递，大小则以英寸为单位：

```
plt.figure(figsize=(12,8))
```

我的一个学生曾问我是否可以在图表中使用企业指定用的颜色，因为她们公司是这样要求的。答案是肯定的。如你所见，可以为线条或网格设置任何颜色。此外，Matplotlib 还包含 style 包。可以通过调用 plt.style.use() 方法来定义各种各样的风格。我不打算详细介绍如何构建样式，因为这超出了本书涵盖的知识范围。如果出于一些原因而需要设置特定的样式表，可以在 https://matplotlib.org/stable/api/style_api.html 找到相关的教程。

对于我这样只是想让图表看起来更时髦一点的人来说，使用预设的样式表是更好的选择。所有可用的预设样式表都可以在 https://matplotlib.org/stable/gallery/style_sheets/style_sheets_reference.html 中找到。

例如，seaborn 这个广受欢迎的样式可以应用于以下这样的图表上：

```
plt.style.use("seaborn")
```

Python 按顺序运行代码，所以 splt.style.use() 函数和 figure() 函数应该在最开始的 plot() 之前定义，如图 5.4 所示。

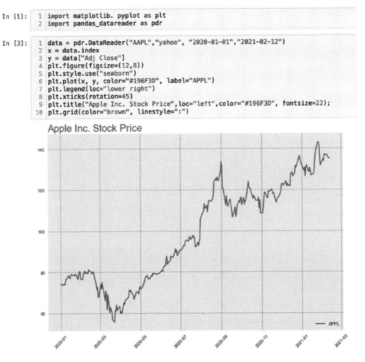

图 5.4　将 style.use() 函数和 figure() 函数应用到图表上

5.3　直方图

　　直方图是另一种主流的图表类型。和 plot() 函数不一样的是，hist() 方法需要一组数据。直方图经常用来展示数据的分布。

　　通过苹果股票的历史价格，我们可以计算出该股票的每日回报率，并将其绘制成直方图：

```
stock_return = data['Adj Close'].pct_change(1)*100
```

　　Pandas 的 pct_change() 方法会返回当前日期和前一天的数据之间的百分比变化。stock_return Series 中的第一个值是 NaN。为了绘制直方图，我们需要把 NaN 这个值删去：

```
stock_return.dropna(inplace=True)
```

在 dropna() 方法删去所有的 NaN 后，就可以把这个 Series 作为参数传入 hist() 函数：

```
plt.hist(stock_return)
```

传入 hist() 函数中的数据被分割成若干个等宽的 bin。可以用第二个参数 bins 来改变范围，如果观察次数允许的话，可以通过增加 bins 的数量获得更精确的结果：

```
plt.hist(stock_return, bins = 100)
```

和前面的例子一样，需要为直方图图表添加一个标题：

```
plt.title('Distribution of APPL Daily Return')
```

除了标题文本外，Matplotlib 还提供了设置横轴和纵轴的标签的选项。正如其名，xlabel() 和 ylabel() 这两个函数的作用是为轴命名：

```
plt.xlabel('Daily Percentage Return')
plt.ylabel('Frequency')
```

在添加了标题和坐标轴标签后，现在的直方图如图 5.5 所示。

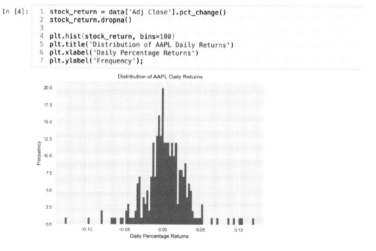

图 5.5　hist() 函数绘制了一只股票的每日回报率

直方图可以保存为 png、jpeg、pdf 或 svg 格式的独立文件。

可以利用 Matplotlib 库的 avefig() 函数生成一个包含图表的全新文件。提供一个文件名作为字符串参数即可：

```
plt.savefig("AAPL return.png")
```

或者也可以将其保存为 PDF 文件：

```
plt.savefig("AAPL return.pdf")
```

请记住，savefig() 函数应该是为绘制图表所运行的全部语句中的最后一条 Matplotlib 命令。

5.4 散点图

Matplotlib 库可以使用三种不同的后端。这里，我将称它们为格式。前面用的都是 inline（内联）默认格式。内联格式生成静态图像并将其存储在 Jupyter Notebook 中。内联格式的主要优势在于，你可以在每个 Jupyter 文件中绘制任意数量的静态图。

若是希望图表具有交互性的话，就需要切换到 notebook（笔记本）模式。每个 Jupyter 文件中只能有一个交互式图表。因此，请为接下来的练习新建一个文件。在导入 Matplotlib 之前，需要用一个 Python 魔法函数来启动交互模式：

```
%matplotlib notebook
import matplotlib.pyplot as plt
```

我称这个函数为魔法函数，并非夸大其词。魔法函数（magic function）是 Python 的官方术语，指的是以 % 符号为前缀的函数[2]。

散点图是数据分析中经常使用的图表之一，我们将用 scatter() 函数来绘制 2019 年的美国人口分布。scatter() 函数不仅可以绘制数据，还可以根据数值来调整点的大小和颜色。我们将抓取 Excel 文件中对美国 2019 年居民人口的估算[3]，并将数据绘制成散点图。访问 https://bit.ly/bookScatterExample，可以找到 Excel 文件。

---

[2] https://ipython.readthedocs.io/en/stable/interactive/tutorial.html#magics-explained
[3] 文件的原始版本可以从 www.census.gov/data/datasets/time-series/demo/popest/2010s-state-total.html 下载，使用以下 API：www2.census.gov/programs-surveys/popest/tables/2010-2019/state/totals/nst-est2019-01.xlsx

除了绘图库之外，还需要导入 Pandas 库。请将其与 Matplotlib 库一起导入，如以下代码所示：

```
%matplotlib notebook
import matplotlib.pyplot as plt
import pandas as pd
```

含有数据的 Excel 文件已经被上传到网上，可以用 Pandas 库的 read_excel() 函数读取它。文件的第一行是标题，我们可以用 skiprows=1 关键字参数跳过这一行：

```
data = pd.read_excel("https://bit.ly/bookScatterExample",skiprows=1)
```

一如既往，我们需要对数据进行清洗，只抓取包含信息的那些列：

```
data = data[["State", "Population"]]
```

为了便于阅读，最好把人口数量转换为以百万为单位：

```
data["Population_Mill"] = data["Population"]/1000000
```

数据的范围太广了，为了让散点图显得整齐一些，我们可以筛选数据，筛出人口在 200 万到 800 万之间的州：

```
filtered_data =data[(data["Population_Mill"] > 2.0)&(data["Population_Mill"] < 8.0)]
```

scatter() 函数与 plot() 方法很相似，它也将 x 和 y 这两个值用作坐标。为了让代码更加简明，我将对 filtered_data DataFrame 进行切片，并将 filtered_data["State"] 分配给 x 变量，filtered_data["Population_Mill"] 则分配给 y 变量：

```
x = filtered_data["State"]
y = filtered_data["Population_Mill"]
```

接着将 x 和 y 这两个对象传入 scatter()，并旋转横轴上的州名：

```
plt.scatter(x, y)
plt.xticks(rotation=90);
```

%matplotlib notebook 成功生成了一个交互式图表，如图 5.6 所示。通过图下方的菜单可以放大和移动数据。单击软盘图标即可保存。

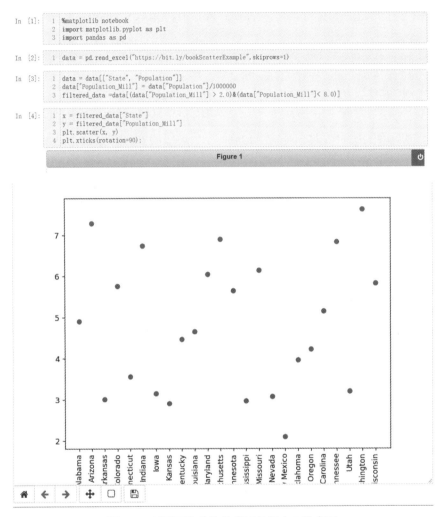

图 5.6 以百万为单位的美国各州人口散点图

前面提到过，Matplotlib 库的 scatter() 函数让我们可以通过 s 和 c 这两个关键字参数来控制点的大小和颜色。为了让散点图更加美观，我们可以用 filtered_data["Population_Mill"] 数据指定散点图的大小和颜色。我将通过把数值乘以四次方来放大数据点：

```
size = filtered_data["Population_Mill"]**4
color = filtered_data["Population_Mill"]
plt.scatter(x, y, s=size, c=color)
```

有的点会和其他点重叠，为了提高它们的透明度，还需要添加 Matplotlib 库的另一个样式属性 alpha。alpha 低于 1 时，图表的透明度就会增加：

```
plt.scatter(x, y, s=size, c=color, alpha=0.5)
```

像 Matplotlib 库的所有绘图函数一样，scatter() 允许提供自定义颜色图或者文档中的预设颜色图。在以下网址中可以找到所有颜色图：https://matplotlib.org/stable/tutorials/colors/colormaps.html。我选择了 plasma 这个颜色图，并将 cmap="plasma" 属性传入了 scatter() 函数。如果再添加一个显示色阶的颜色栏的话，散点图包含的信息量会更多，如图 5.7 所示：

```
plt.scatter(x, y, s=size, c=color, alpha=0.5, cmap="plasma")
plt.colorbar()
```

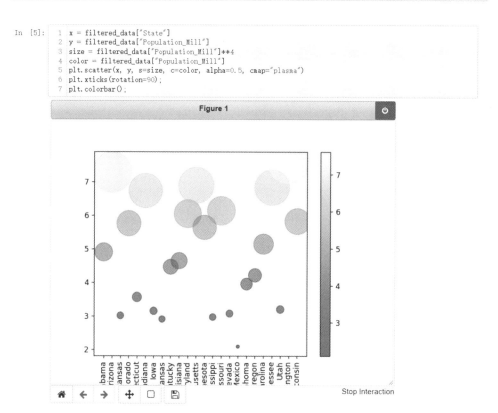

图 5.7　带有颜色栏的散点图

我们当然还需要添加标题和纵轴标签。我认为，把 figure 的尺寸从 8 提升到 10 会比较好。在使用 scatter() 之前，需要先在 figure() 函数中定义 figsize。在代码中插入 plt.figure(figsize = (10,8))：

```
plt.figure(figsize=(10,8))
plt.scatter(x,y, s=size, c=color, alpha=0.5, cmap="plasma")
plt.xticks(rotation=90)
plt.title("The States with population estimates between 2 and 8 million, 2019")
plt.ylabel("Population in millions");
```

你可能注意到了，我总是将分号字符移到代码的最后一行。这是为了隐藏 Python 内存中对绘图对象的引用。

这次，我不想在绘图中添加网格线，而是想在每个点上标注其对应的州的名字。

利用 Matplotlib 库的 annotate() 函数，我们能根据 x 坐标和 y 坐标在图表的任何地方放置文本标签。试着用以下代码把 Here 标签放在 Indiana 点上：

```
plt.annotate("Here", ("Indiana", 6.4))
```

x 坐标和 y 坐标应该以元组的形式传递，比如 ("Indiana", 6.4)。"Indiana" 代表横轴上的 x 值，6.4 则是 y 轴上的人口数。

重新运行 Jupyter Notebook 单元格，会看到 "Here" 出现在代表印第安纳州的橙色圆点边上。不过，我们可不想手动添加所有标注。我们可以遍历所有 x 值，通过索引来获取坐标。这需要用到 Python 的内置函数之一：enumerate()。enumerate() 函数的作用是为存储在 x 变量下的 infiltered_data["State"] 的所有值提供索引。在 for 循环的帮助下，我们将处理枚举对象，并将每个州的索引和名称传给 annotate() 函数。x 和 y 这两个变量持有 Pandas Series 对象，我们要用 iloc[] 方法将索引与值对应起来，如以下代码所示：

```
for index, label in enumerate(x):
    plt.annotate(label, (x.iloc[index], y.iloc[index]) )
```

之后，所有点都会被分配一个 x 对象的文字标签，如图 5.8 所示。

第 5 章　数据可视化

```
In [7]:   1  x = filtered_data["State"]
          2  y = filtered_data["Population_Mill"]
          3  size = filtered_data["Population_Mill"]**4
          4  color = filtered_data["Population_Mill"]
          5  plt.figure(figsize=(10,8))
          6  plt.scatter(x, y, s=size, c=color, alpha=0.5, cmap="plasma")
          7  plt.xticks(rotation=90);
          8  plt.colorbar()
          9  plt.title("The States with population estimates between 2 and 8 million, 2019")
         10  plt.ylabel("Population in millions");
         11  for index, label in enumerate(x):
         12      plt.annotate(label, (x.iloc[index], y.iloc[index]) )
```

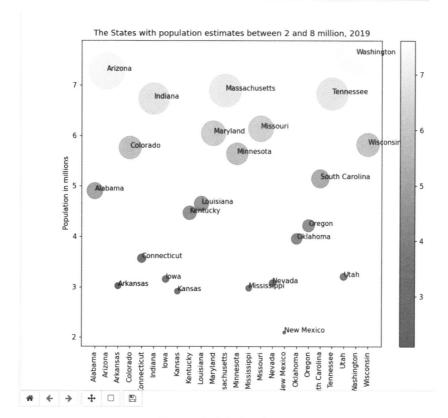

图 5.8　标注散点图中的值

我们创建的交互式散点图允许用户通过菜单中的缩放选项来放大数据,如图 5.8 所示,并通过鼠标左键来移动它。菜单中的 home 按钮可以把图表重置为默认尺寸。上面的单元格中设置的 notebook 模式只允许文件有一个图表,因为交互模式有递归的特性。默认的 inline 和交互式的 notebook 格式是 Jupyter 的主要模式。

除了 Jupyter 之外，Matplotlib 还将计算机操作系统用作后台引擎。这可以通过魔法函数 %matplotlib 来实现：

```
%matplotlib
import matplotlib.pyplot as plt
```

在这种情况下，Matplotlib 将在一个单独的 Python shell 中生成类似于 notebook 模式的交互式图表。切换 Matplotlib 的模式时，需要记住的一点是，不能同时使用多个模式，如果你在 Jupyter 文件中用一个模式替换了另一个模式，就需要重新启动内核。

5.5 饼状图

我们将在交互式 shell 中生成饼状图。新建一个 Jupyter 文档，以 %matplotlib 格式导入 Matplotlib：

```
%matplotlib
import matplotlib.pyplot as plt
```

这段代码将返回以下内容：

```
Using matplotlib backend: MacOSX
```

如果使用的是 Windows 操作系统，则会返回 Windows。返回结果中的 Using matplotlib backend 意味着 Matplotlib 已经连接上了操作系统，并用它来生成图表。

延续前面的例子，我们要把美国各地理区域的居民人口绘制成饼状图。美国人口普查局的数据表明，美国有 38.26% 的人口居住在南方，23.87% 居住在西部，20.82% 居住在中西部，17.06% 居住在东北部。

首先为饼状图定义数值和标签：

```
population = [38.26, 23.87, 20.82, 17.06]
areas = ["South", "West", "Midwest", "Northeast"]
```

Matplotlibpie() 函数将生成一个简单的饼状图。想查看所有可以用来设置饼状图的参数的话，请运行 help(plt.pie)。将人口作为 x 值传入 pie()，并将地区用作标签：

```
plt.pie(x=population, labels=areas)
```

Matplotlib 后端引擎会生成一个包含简单饼状图的弹出窗口，如图 5.9 所示。

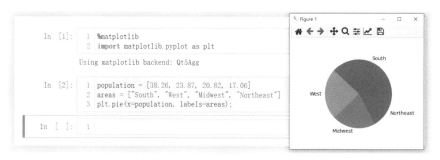

图 5.9 人口数据饼状图

pie() 函数和 Matplotlib 的其他函数都接受自定义颜色。在这个例子中，我决定从 https://htmlcolorcodes.com 中挑选一个明亮的调色板。

```
palette = ["#00FFFF", "#FF00FF", "#00FF00", "#800080"]
plt.pie(x=population, labels=areas, colors=palette)
```

为了说明问题，有时需要将饼状图中的一个扇区突出显示。这可以通过 pie() 函数的 explode 参数实现。explode 参数接受一个可迭代的列表或元组，其中的浮点数表示每个扇区到中心的距离。

举个例子，explode=[0, 0.1, 0, 0] 参数将把第二个扇区从中心推到 0.1。在本例中，我将让 West 扇区显示在与饼状图中心的距离为 0.2 的地方：

```
standout =[0, 0.2, 0, 0]
plt.pie(x=population, explode=standout, labels=areas,color=palette)
```

pie() 函数中的另一个样式参数是 shadow。如果想让饼状图有 3D 效果，就要把 shadow 参数切换为 True：

```
plt.pie(x=population, explode=standout, labels=areas, shadow=True,
colors=palette)
```

除了标签之外，我还想让图中显示出每个区域的确切人口占比。这就是 autopct 参数派上用场的时候了。我们需要把值的格式指定为一个字符串。字符串的格式应该采用 Python 格式样式，详见 https://pyformat.info。比如，%.2f 这个表达式的作用是让小数点后显示两个数字，%.2f%% 则会在值的后面放一个百分号：

```
plt.pie(x=population, explode=standout, labels=areas, autopct='%.2f%%',
shadow=True, colors=palette)
```

添加了新的样式属性后，我们成功地生成了一个非常漂亮的饼状图，如图 5.10 所示。在生成饼状图的过程中要是出了什么问题，不妨重新启动内核。

图 5.10　一个具有样式属性的饼状图

当然，可以像前面的例子那样再为饼状图添加一个标题。

Matplotlib 是个用于数据可视化的实用工具，很容易上手。本章介绍了可视化和格式化图表的所有主要功能。我们学会了如何建立基本的图表。但是，利用 Matplotlib 和众多附加功能及插件，能做的事情远远不止于此。要想进一步了解更复杂的样式和图表，可以访问 https://matplotlib.org/stable/gallery/index.html，直达 Matplotlib 文档库页面。

第 6 章

Python 金融数据分析

前几章介绍了 Python 的所有基本组成部分。我们用一些现实生活中的金融案例诠释了金融问题。这一章将进一步探索金融日常工作。我的主要目标是展示 Python 的实际用途，让你开始自己动手写代码。你应该把这本书看作学习 Python 的第一步，然后再阅读 Pandas 和其他库的官方文档，或是关注专业博客文章继续学习，通过不断的练习来掌握 Python。从来没有任何神奇的函数或预设解决方案能够解决现实生活中的所有挑战。因此，要以本章中的例子作为基础，为自己将来的项目做好充分的准备。

6.1 NumPy-Financial

我想先从商科学生大一时学的一些基本金融函数讲起。货币的未来价值（也称终值[①]）、内部收益率、现值和未来现金流的净现值是金融分析的几大支柱。理解 Python 的基本原理后，就可以从头开始写公式并计算这些指标。不过，Numpy-Financial 软件包可以为我们节省许多时间和精力，它能为我们代劳所有必要的工作，并提供准确无误的结果。

> **划重点**
>
> 货币的未来价值、内部收益率、现值和未来现金流的净现值是金融分析的几大支柱。

如果要用 Numpy-Financial，首先要在终端安装它。在 Anaconda Navigator Environments 中单击 base（root）菜单，找到终端。请确保在新的终端 shell 中安装软件包，而不是干扰正在运行的内核：

```
pip install numpy-financial
```

看到 Numpy-Financial 安装成功的信息后，就可以关闭终端了。接着，新建一个 Jupyter Notebook 并在其中导入该包：

```
import numpy_financial as npf
```

与其花很多时间详细解释财务指标及其在金融分析中的重要性，我更想集中说明如何用 Numpy-Financial 来实现这些指标。

Numpy-Financial 是一个小型的库，只有 10 个基本函数，如表 6.1 所示。

还是那句话，不必记住所有函数和它们的参数。在需要的时候，可以随时通过 rundir(npf) 来查看对象的可用方法，并通过 help() 来了解某个特定的函数参数。

[①] 译注：基于一些假设给出的某个金融资产在未来某一时间点的价值。

表 6.1 Numpy-Financial 包含的函数

函数名称	说明
fv(rate, nper, pmt, pu[, when])	计算终值
ipmt(rate, per, nper, pv[, fv, when])	计算偿还额中利息部分
irr(values)	计算内部收益率
mirr(values, finance_rate, reinvest_rate)	计算修正后的内部收益率
nper(rate, pmt, pv[, fv, when])	计算支付期数
npv(rate, values)	计算净现值
pmt(rate, nper, pv[, fv, when])	计算偿还额
ppmt(rate, per, nper, pv[, fv, when])	计算偿还额中本金部分
pv(rate, nper, pmt[, fv, when])	计算现值
rate(nper, pmt, pv, fv[, when, guess, to], ...)	计算利息率

6.2 用 fv() 函数来计算终值

货币价值是商科学生在金融第一课中最先接触的知识。请看这个经典的问题。假设你可以选择今天得到 3000 美元并在接下来的三年中每年赚取 3% 的利润，或是在三年后得到 3300 美元，哪个选项的收益更高呢？我们将用 pv() 函数找出答案。将问题中给出的条件分别保存在 deposit、annual_interest 和 years 这三个变量中：

```
deposit = 3000
annual_interest = 0.03
years = 3
future_value = npf.fv(annual_interest, years, 0, -deposit)
print("Future value of $ {:.2f} is $ {:.2f}".format(deposit,future_value))
```

我在 deposit 参数前用了一个减号，因为我们可以将其视为一项投资。如果不用减号，结果会是个负数。

计算结果显示，三年后获取 3300 美元比每年赚取 3% 的 3000 美元更划算，如图 6.1 所示。

```
In [1]: 1  import numpy_financial as npf

In [2]: 1  deposit = 3000
        2  annual_interest = 0.03
        3  years = 3
        4
        5  future_value = npf.fv(annual_interest, years, 0, -deposit)
        6  print("Future value of ${:.2f} is ${:.2f}".format(deposit,future_value))
Future value of $3000.00 is $3278.18
```

图 6.1　用 fv() 函数计算终值

6.3　用 pv() 函数来计算现值

和货币的终值公式对应的是货币的现值公式。今天的一笔钱相比未来同样数额的一笔钱价值更高。但具体高出多少呢？Numpy-Financial 的 pv() 函数能帮助我们回答这个问题。

继续前面的例子，假设可以选择在三年后收到 3300 美元或现在就收到 3300 美元，年利率仍然是 3%。

pv() 函数接受利率、期数和未来值作为参数。利率可以作为年值或月值传递。期数取决于年利率或月利率。我们将终值定义为 3300 美元，年利率和年数保持不变。

```
future_value = 3300
annual_rate = 0.03
years = 3
present_value = npf.pv(annual_rate, years,0,-future_value)
print("Present value of ${:.2f} is ${:.2f}".format(future_value, present_value))
```

我们用 pv() 公式得出的结果显示 3300 美元的现值是 3019.97 美元，如图 6.2 所示。

```
In [3]: 1  future_value = 3300
        2  annual_rate = 0.03
        3  years = 3
        4
        5  present_value = npf.pv(annual_rate, years,0,-future_value)
        6  print("Present value of ${:.2f} is ${:.2f}".format(future_value, present_value))
Present value of $3300.00 is $3019.97
```

图 6.2　用 pv() 函数计算货币的现值

6.4 用 npv() 函数来计算净现值

Numpy-Financial 可以把未来现金流的净现值按资本成本率折算出盈利能力，并确定投资项目的优先级。npv() 函数返回系列现金流的净现值。它很简单实用，我们只需提供资本成本或资本的机会成本和未来的预期现金流即可。预期现金流应该以数组的形式传递。根据官方文档所述，投资必须以负浮点数的形式传入，而流入则应该以正数的形式传入。

假设一家公司计划要扩大规模，需要在两个投资机会之间做出选择。一个选择是扩大生产，投资 100000 美元购入新设施和设备。在未来五年内，扩张后的生产能每年带来 25000 美元的收入。另一个选择是购买年收益率为 5% 的证券。这里我们假设两个选择的风险是等同的。

我们将基于这些假设计算扩产项目的 NPV（净现值）。将 investment 定义为负值，cash_flows 则定义为保存未来现金流的 Python 列表：

```
discount_rate = 0.05
investment = -100000
cash_flows = [investment, 25000, 25000, 25000, 25000, 25000]
net_present_value = npf.npv (discount_rate, cash_flows)
print("Net Present Value of the project is ${:.2f}".format(net_present_value))
```

该项目的净现值为 8236.92 美元，如图 6.3 所示。

```
In [4]:  1  discount_rate = 0.05
         2  investment = -100000
         3  cash_flows = [investment, 25000, 25000, 25000, 25000, 25000]
         4
         5  net_present_value = npf.npv (discount_rate, cash_flows)
         6  print("Net Present Value of the project is ${:.2f}".format(net_present_value))

Net Present Value of the project is $8236.92
```

图 6.3 计算一个项目的净现值

使用同样的 npv() 函数，我们可以比较两个项目。此外，我们还可以运行一系列贴现率（discounted interest rates）的方案，看看怎样影响项目的盈利能力利率变化。

第二个项目的初始投资额同样是 100000 美元，并将在未来五年内分别逐渐增加 5000 美元、10000 美元、40000 美元、40000 美元和 40000 美元。

贴现率可以用存储在 Python 列表中的数个浮点数来表示：

```
cash_flows_project_one = [-100000,25000,25000,25000,25000,25000]
cash_flows_project_two = [-100000,5000,10000,40000,40000,40000]
discount_rates = [0.0,0.05,0.10,0.20,0.25]
```

cash_flows_project_one 和 cash_flows_project_two 中的第一个初始投资额都是负数，因为我们投入了这个数目的钱，这意味着现金流出。

我们还需要创建两个空的列表来存储情景分析的结果：

```
npv_project_one =[]
npv_project_two =[]
```

最后，为了计算预测现金流的净现值，需要动态地传递 discount_rates 列表中的每一个比率。我们将用 for 循环迭代 discount_rates 列表，并挨个儿将值传入 npv() 函数。结果将暂时存储在 npv_one 和 npv_two 变量中，并被附加到 npv_project_one 和 npv_project_tw 列表中：

```
for rate in discount_rates:
    npv_one = npf.npv(rate, cash_flows_project_one)
    npv_project_one.append(npf.npv(rate, cash_flows_project_one))
npv_two = npf.npv(rate, cash_flows_project_two)
    npv_project_two.append (npv_two)
```

我们成功地运行了不同贴现率的方案，并保存了净现值结果。接下来可以开始绘制图表了。

除了 Matplotlib 库之外，我们还需要使用 Shapely 包找到代表净现值的两条线的交点。

打开终端或命令提示符，下载并安装 Shapely：

```
pip install shapely
```

Shapely 是一个用于分析几何对象的 Python 库[②]。当然，在没有 Shapely 的帮助下我们也可以找到交点的坐标，但这需要很多行代码才能实现。Shapely 的

---

② https://pypi.org/project/Shapely/

intersection() 方法能更精确高效地完成工作。

成功安装 Shapely 后，新建一个 Jupyter Notebook，并在开头处导入 Shapely 和 Matplotlib：

```
import numpy_financial as npf
import matplotlib.pyplot as plt
from shapely.geometry import LineString
```

为了让图表有完美比例的坐标轴，我要将 x 轴和 y 轴的范围设置为 0.0 和 0.25：

```
plt.xlim(0.0, 0.25)
```

Matplotlib 的 xlim() 方法根据起点和终点来设置 x 轴的范围。我们可以将其硬编码为 0.0 和 0.25 的贴现率，也可以让它们根据 discount_rates 列表中的值而变化，也就是将起点指定为贴现率列表中的第一个值 discount_rates[0]，将终点指定为贴现率列表的最后一个值 discount_rates[-1]：

```
plt.xlim(discount_rates[0], discount_rates[-1])
```

用 Matplotlib 的 ylim() 方法可以对 y 轴进行缩放，我们把存储在 npv_project_two 列表中的 NPV 结果的最后一个值和第一个值用作起点和终点：

```
plt.ylim(npv_project_two[-1],npv_project_two[0])
```

接着，我们可以将贴现率用作 X 轴来将 NPV 结果绘制成图表：

```
plt.plot(discount_rates, npv_project_one, label="Project One")
plt.plot(discount_rates, npv_project_two, label="Project Two")
```

运行单元格后，NPV 值将被绘制成两条线。两条线的交点将被准确计算出来，并被标注在图标上。

Shapely 的 LineString 函数的作用是将 x 坐标和 y 坐标转换为直线几何对象：

```
line1 = LineString(list(zip(discount_rates, npv_project_one)))
line2 = LineString(list(zip(discount_rates, npv_project_two)))
```

来自 discount_rates、npv_project_one 和 npv_project_tw 的值在绘图中被用作 x 坐标和 y 坐标，在 Python 内置函数 zip() 的帮助下，这些值被合并在一起。zip() 函数将

它们打包成一个元组列表，并传递给 LineString() 函数。

让我回过头来讲讲 zip() 函数。很多时候，我们需要将来自不同来源的值对应起来。比如城市的名称和人口。两者都以列表的形式出现，但人口数值以百万为单位：

```
cities = ["New York", "Chicago", "Huston"]
population = [8.3, 2.7, 2.3]
```

zip() 函数可以把人口数与城市列表中的一个城市匹配起来：

```
zip(cities, population)
```

zip() 函数和 Python 中的许多其他函数一样，会返回一个对象：

```
<zip at 0x7fe2366e4700>。
```

想要解包 zip 对象的话，需要用 for 循环遍历它，并逐个获取配对。也可以将 zip 对象包装成一个列表：

```
list(zip(cities, population))
```

现在，可以看到城市及相对应的人口数以元组的形式存储在列表中：

```
[('New York', 8.3), ('Chicago', 2.7), ('Huston', 2.3)]
```

回到我们的 NPV 案例。LineString 操作的结果被存储到 line1 和 line2 这两个变量中，可以用 intersection 方法得到交点的坐标：

```
point = line1.intersection(line2)
```

point 对象中有了 x 坐标和 y 坐标后，就可以用 point.x 和 point.y 这两个属性在图表中写明交点的坐标。point.x 和 point.y 给出了两个备选项目的净现值的交点的准确金额和贴现率。

我们可以用虚线绘制出交点与 x 轴和 y 轴的垂直线：

```
plt.plot(point.x, point.y, marker="o", color="red")
```

如你所见，为了绘制交点，我们用到了第 5 章讲过的 plot() 函数。但这两次所用的样式不同。这次，我们用到了标记。plot() 函数中有许多预设标记。可以通过

help(plt.plot) 找到自己喜欢的标记。

Matplotlib 的 hline() 函数和 vline() 函数分别用于根据 x 坐标和 y 坐标绘制水平和垂直线：

```
plt.hlines(y=point.y, xmin=0.0, xmax=point.x, color='red',linestyles='dotted', label=str(round(point.x*100,3)))
plt.vlines(x=point.x, ymin=-40000, ymax=point.y, color='red',linestyles='dotted',label=str(round(point.y,2)))
```

hline() 函数和 vline() 函数和我们之前用过的其他绘图方法类似。以交点为原点出发的直线被定义为 xmax=point.x 和 ymax=point.y。x 轴的范围是 0.0，y 轴的范围则是 -40000。

最后要绘制网格和标签：

```
plt.grid()
plt.legend()
plt.title("NPV profile")
plt.xlabel("Discount Rate")
plt.ylabel("NPV (Net Present Value)")
```

图 6.4 和图 6.5 显示了完整的解决方案和图表。

```
In [1]:  1  import numpy_financial as npf
         2  import matplotlib.pyplot as plt
         3  from shapely.geometry import LineString

In [2]:  1  cash_flows_project_one = [-100000, 25000, 25000, 25000, 25000, 25000]
         2  cash_flows_project_two = [-100000, 5000, 10000, 40000, 40000, 40000]
         3  discount_rates = [0.0, 0.05, 0.10, 0.20, 0.25]
         4  npv_project_one = []
         5  npv_project_two = []
         6
         7  for rate in discount_rates:
         8      npv_one = npf.npv(rate, cash_flows_project_one)
         9      npv_project_one.append(npf.npv(rate, cash_flows_project_one))
        10      npv_two = npf.npv(rate, cash_flows_project_two)
        11      npv_project_two.append(npv_two)
        12
        13  plt.xlim(discount_rates[0], discount_rates[-1])
        14  plt.ylim(npv_project_two[-1],npv_project_two[0])
        15  plt.plot(discount_rates, npv_project_one, label='Project One')
        16  plt.plot(discount_rates, npv_project_two, label='Project Two')
        17
        18  line1 = LineString(list(zip(discount_rates, npv_project_one)))
        19  line2 = LineString(list(zip(discount_rates, npv_project_two)))
        20
        21  point = line1.intersection(line2)
        22
        23  plt.hlines(y=point.y, xmin=0.0, xmax=point.x, color='red',linestyles='dotted', label=str(round(point.x*100,3)))
        24  plt.vlines(x=point.x, ymin=-40000, ymax=point.y, color='red',linestyles='dotted',label=str(round(point.y,2)))
        25  plt.plot(point.x, point.y, marker='o', color='red')
        26
        27  plt.grid()
        28  plt.legend()
        29  plt.title('NPV profile')
        30  plt.xlabel('Discount Rate')
        31  plt.ylabel('NPV (Net Present Value)')
```

图 6.4　计算和绘制两个项目的净现值

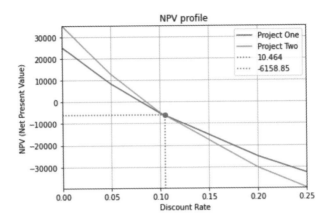

图 6.5　两个项目的净现值的交叉率图

6.5　风险价值

金融监管越来越严。现在，遵纪守法的管理人员必须利用现代工具生成大量的报告和处理庞大的数据集。这正是 Python 的用武之地。

风险价值是一种非常流行的统计指标，用于评估一项投资的金融风险水平。在 VAR（风险价值）中，风险被定义为特定时间内的最大损失。

现在，我们将探索如何计算基于正态分布和波动率的参数化 VAR 模型。

假设我们有一份普通股票的投资组合。在投资组合中，我们持有微软、苹果和 IBM 几家公司的股票。为了简单起见，假设我们每家公司都持有 100 股。

为了做出进一步的假设，我们需要获取投资组合中股票的历史价格。我希望你已经安装了 Pandas-Datareader 库。如果还没有安装的话，可以参见第 4 章，进一步了解软件包的安装方法和实用目的。

新建一个 Jupyter Notebook 文件，并在开头处导入 NumPy、Pandas、Matplotlib 和 Pandas-Datareader：

```
import numpy as np
import pandas as pd
import matplotlib.pyplot as plt
import pandas_datareader.data as web
```

为了获取历史价格，我们需要将股票代号放入一个 Python 列表。portfolio 这个变量名可以完美地反映列表的用途：

```
portfolio = [ "MSFT", "AAPL", "IBM"]
```

我们需要用一个 DataFrame 来存储股票的历史价格。因此，prices 变量初始化为一个 DataFrame：

```
prices = pd.DataFrame()
```

接着，使用 Pandas-Datareader，通过股票代号从雅虎财经获取每只股票的历史价格。以字符串格式指定任意日期范围：

```
for stock in portfolio:
    prices[stock] = web.DataReader(stock, 'yahoo', '2017-01-01', '2021-03-20')["Adj Close"]
```

需要注意的是，Pandas-Datareader 返回的 DataFrame 中包含开盘价、最高价、最低价、收盘价、成交量和调整后的收盘价等。我们需要的是 adjusted close（调整后的收盘价），它反映了分割和分红后的股票价格。我们用［"Adj Close"］这个列名从每个 DataFrame 中获取调整后的收盘价。使用字典表示法，我们将［"AdjClose"］列添加到先前定义的 DataFrame 中。遍历列表时，持有 portfolio 列表中的一个值的 stock 变量将把每个公司的股票代号设置为 prices 中的列名。

最终，prices DataFrame 中应该包含各个股票的历史价格，可以用 msft_prices.head() 来查看。

head() 方法将显示 DataFrame 中前五行的历史价格，如图 6.6 所示。

```
In [1]: 1  import numpy as np
        2  import pandas as pd
        3  import matplotlib.pyplot as plt
        4  import pandas_datareader.data as web

In [2]: 1  portfolio = ["MSFT", "AAPL","IBM"]
        2  prices = pd.DataFrame()

In [3]: 1  for stock in portfolio:
        2      prices[stock] = web.DataReader(stock, 'yahoo', '2017-01-01','2021-03-20')["Adj Close"]

In [4]: 1  prices.head()

Out[4]:
              MSFT       AAPL       IBM
   Date
2017-01-03  58.538418  27.459938  137.772202
2017-01-04  58.276497  27.429203  139.477921
2017-01-05  58.276497  27.568612  139.016464
2017-01-06  58.781628  27.876030  139.700455
2017-01-09  58.594377  28.131361  138.151245
```

图 6.6 检索股票组合的历史价格

我们可以通过将历史价格绘制成图表来将其可视化。绘制和比较股价不同的股票是很难的，比如 AAPL 的股价为 27.45，IBM 的股价则是 137.77。我们需要以数据的最早日期为基准，用 100 来让价格标准化。price.iloc[0] 将得到 DataFrame 中最早那个日期的股价：

```
first_date= prices.iloc[0]
normalized_prices = prices/first_date * 100
```

绘图部分很简单，步骤和第 5 章中的大体一致：

```
[line1,line2,line3] = plt.plot(prices.index , normalized_prices, 
label=["MSFT","AAPL","IBM"])
plt.legend(loc="lower right")
plt.xticks(rotation=45)
plt.title("Portfolio of stocks");
plt.grid()
plt.legend([line1,line2,line3],["MSFT","AAPL","IBM"],loc="upper left");
```

我之所以用 DataFrame index 作为 x 轴，是因为它包含日期。y 轴则是 normalized_prices。[line1,line2,line3] 列表纯粹是为了区分各行对应的股票而被用作标签的。

三只股票的历史价格如图 6.7 所示。

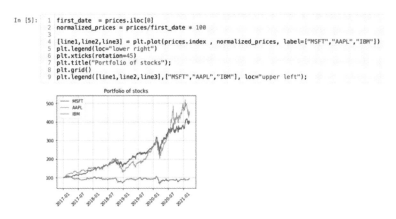

图 6.7　标准化的历史股价

计算 VAR 要先从历史股票收益开始算起。有两种方法可以达成这个目的。第一个方法是用 Pandas 的 shift() 方法，以特定数字移动某一行：

```
stocks_return = prices/prices.shift(1)-1
```

如果希望更准确，可以考虑用 NumPy 的 log() 函数来计算对数收益率[3]：

```
stocks_return = np.log(prices/prices.shift(1))
```

第二个选择是使用 pct_change() 方法。pct_change() 也接受期数作为参数。在本例中，参数是一天或一行：

```
return = prices.pct_change(1)
```

无论使用什么方法，stock_return 和 return 的结果都应该相同。两种方法得到的第一个值都是 NaN（非数字），我们需要用 dropna() 方法将其删去：

```
return.dropna(inplace=True)
```

还记得吗？ inplace 参数的作用是决定是否要在原对象的基础上进行修改。

可视化有助于我们更好地理解这些数字。Matplotlib 的 hist() 函数会以柱状图的形式呈现数据。

我们可以在同一张图表中绘制所有三种股票。关键字参数将使其透明：

---

[3] 译注，指两个时期的资产价值取对数之后所得到的差额。相对于线性的普通收益率，它是非线性的。在计算多资产多时期的账户收益率时，用对数收益率更方便。

```
plt.hist(return["MSFT"], alpha=0.5, bins=100)
plt.hist(return["AAPL"], alpha=0.5,bins=100)
plt.hist(return["IBM"], alpha=0.5,bins=100)
```

如果图表太杂乱以至于很难理解，可以单独绘制每个股票回报率，如图 6.8 所示。我在前面提到过，Pandas DataFrame 支持 Matplotlib，因而可以直接在 return 语句中用 hist() 方法：

```
return.hist()
```

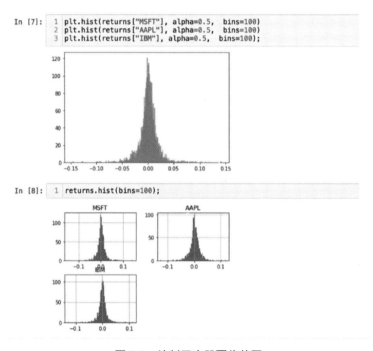

图 6.8　绘制历史股票收益图

Pandas Series 有一个 describe() 方法。describe() 方法只能用于 Series 或 DataFrame 中保存了数值的列：

```
return.describe()
```

图 6.9 显示了 describe() 方法计算得到的股票收益率的统计指标。

```
In [9]:   1  returns.describe()
Out[9]:
                MSFT          AAPL          IBM
count      1059.000000   1059.000000   1059.000000
mean          0.001458      0.001594      0.000086
std           0.018093      0.020033      0.017200
min          -0.147390     -0.128647     -0.128507
25%          -0.005818     -0.006481     -0.006447
50%           0.001451      0.001141      0.000489
75%           0.009880      0.010875      0.007114
max           0.142169      0.119808      0.113011
```

图 6.9　describe() 方法返回统计指标

在对历史回报率应用 describe() 方法后，就可以看到数据集的平均值以及 std（标准差）的分布。此外，我们还可以看到 25%、50% 和 75% 的百分位是多少。

describe() 方法相当有用，可以用来快速获取任意一组数值的统计指标。

计算 VAR 还需要用到投资组合的平均值和标准差。平均值可以从 describe() 方法中获取：

```
return.describe().loc["mean"]
```

也可以使用 mean() 方法：

```
mean_return = return.mean()
```

投资组合的标准差或波动率需要每对股票之间的协方差。在 Pandas 中，可以用 cov() 函数为收益率创建一个协方差矩阵：

```
covar = return.cov()
```

图 6.10 显示了用来获取投资组合波动率的投资组合的协方差矩阵。

```
In [10]:  1  mean_returns = returns.mean()

In [11]:  1  covar = returns.cov()
          2  covar

Out[11]:
                MSFT      AAPL      IBM
         MSFT   0.000327  0.000269  0.000168
         AAPL   0.000269  0.000401  0.000159
         IBM    0.000168  0.000159  0.000296
```

图 6-10　协方差矩阵

此外，还需要用到每只股票在组合中的百分比。为了简化这个例子，我们假设投资组合的总价值的 50% 投资微软，25% 投资苹果，还有 25% 投资 IBM。这个假设必须保存在 NumPy 数组中：

```
weights = np.array([0.5,0.25,0.25])
```

NumPy 数组可以看作是一个矢量。另外，NumPy 数组在 Series 和 DataFrame 中用作核心。这意味着我们可以从矢量中推导出点积或单个数值。

mean_return 变量包含三只股票的历史回报率的平均值，我们需要用 dot() 方法将它们再次归一到投资组合的股票百分比中：

```
portfolio_mean = mean_return.dot(weights)
```

标准差是方差的平方根，可以用 NumPysqrt() 方法获取：

```
volatility = np.sqrt(weights.T.dot(covar).dot(weights))
```

大写的 "T" 是一种转置方法，它的作用是改变一个向量或一个矩阵的相对位置。在一个数组、Series 或 DataFrame 中使用 undir() 时，它始终都是列表中的第一条。

此外，计算投资的平均数和标准差还需要用到投资组合的总价值。这里，我们假设投资组合的总价值为 100 万美元：

```
portfolio_value = 1000000
investment_mean = (1 + portfolio_mean) * portfolio_value
investment_volatility = portfolio_value * volatility
```

在掌握了所有必要数值之后，就可以开始计算正态累积分布的逆值了。为此，需要用到 SciPy（科学 Python）软件包中的 ppf() 函数，也就是百分点函数。SciPy 是 Anaconda 自带的，在文件开始处导入它即可使用：

```
import scipy.stats as scs
```

ppf() 方法默认的平均数是 0，标准差是 1，这是正态分布的标准值。我们要用 investment_mean 和 investment_volatility 覆写它们。为了管控风险，要将置信度[④]传入 ppf() 中，置信度通常是 95%：

```
confidence = 95
normsinv = scs.norm.ppf((1-95/100), investment_mean,investment_volatility)
```

最后一步是从投资组合价值中减去正态累积分布的互补值：

```
var = portfolio_value- normsinv
```

可以让结果的小数点后只显示两位数字：

```
np.round(var,2)
```

最后的结果是 25088.94，如图 6.11 所示。在完成了所有这些计算之后，我们有 95% 的确定，一个包含 MSFT、AAPL 和 IBM 股票的投资组合目前价值为 100 万美元，一天可能损失 25088.94 美元。

```
In [12]:  1  weights = np.array([0.5,0.25,0.25])

In [13]:  1  portfolio_mean = mean_returns.dot(weights)
          2  portfolio_mean
Out[13]: 0.0011490780317016758

In [14]:  1  volatility = np.sqrt(weights.T.dot(covar).dot(weights))
          2  volatility
Out[14]: 0.0159515837852558

In [15]:  1  portfolio_value = 1000000
          2  investment_mean = (1 + portfolio_mean) * portfolio_value
          3  investment_volatility = portfolio_value * volatility

In [16]:  1  confidence = 95
          2  normsinv = scs.norm.ppf((1-95/100), investment_mean,investment_volatility)
          3  var = portfolio_value - normsinv
          4  np.round(var,2)
Out[16]: 25088.94
```

图 6.11　风险价值的计算

---

④　译者注：又指"置信水平"（confidence level），用来表示样本统计值的精确度，即指样本统计值落在参数值某一正负区间内的概率。

如果想预测五天的风险价值是多少，可以把一天的风险价值乘以天数的平方根。

我们将在一个天数范围内把 var * np.sqrt(day) 表达式放入 for 循环中。首先，初始化一个空的列表来存储结果，然后，把结果绘制成图表：

```
var_results = []
number_of_days = 5
days_list = list(range(1, number_of_days+1))
for day in days_list:
    result = var * np.sqrt(day)
    var_results.append(result)
```

我们需要在 number_of_days 上加 1，因为在函数的范围是将终止点排除在外的。

最后，将 var_results 绘制成图表：

```
plt.plot(days_list, var_results)
plt.title("Value at Risk")
plt.ylabel("Portfolio loss")
plt.xticks(days_list,["1st day","2nd day","3rd day","4thday","5th day"]);
plt.grid()
```

可以看到，在 5 天的时间里，损失会翻倍，如图 6.12 所示。

图 6.12　预测五天内的风险价值

6.6 蒙特卡洛模拟

我们还可以用历史股票价格预测投资组合的绩效,并使用蒙特卡洛方法[5]来模拟可能的结果。

和反复掷骰子类似,蒙特卡洛方法的作用是生成投资组合的预期收益和预期波动率的随机结果。

为了存储预期收益和预期波动率的结果,需要初始化两个列表:

```
mc_return = []
mc_volatility = []
```

随机改变投资组合中每个头寸的百分比,我们将计算出预期收益和预期波动率。NumPy 的 random() 函数可以生成数组形式的随机数。数组的大小和尺寸将取决于被作为参数传递的数字。本例需要一个与投资组合中的头寸数量相符的数组。

portfolio 列表目前只包含三只股票,未来可能还会添加更多股票,所以最好在 num_assets 变量中存储列表的长度:

```
num_assets = len(portfolio)
for roll in range(5000):
    weights = np.random.random(num_assets)
    weights /= np.sum(weights)
    mc_return.append(np.sum(mean_return * weights) * 252)
    mc_volatility.append(np.sqrt(np.dot(weights.T, np.dot(covar *
    252, weights ))))
```

在 for 循环的每一次迭代中,random() 方法都会生成投资组合中资产的随机权重。所有资产的百分比总和必须等于 100%。这就是用 weights 除以 sum(weights) 的原因。接下来要做的是生成预期收益率和波动率,并用一年中有多少个交易日数来对结果进行标准化处理,如图 6.13 所示。

---

[5] 译注:又称随机抽样或统计试验方法,属于计算数学的一个分支,是 20 世纪 40 年代中期为适应核能的发展而发展起来的。传统的经验方法不能逼近真实的物理过程,很难得到满意的结果,于是就有了蒙特卡洛方法,它能够真实模拟实际的物理过程,是一种以概率和统计理论方法为基础的计算方法,可以使用随机数(或更常见的伪随机数)来解决很多计算问题。把求解的问题与一定的概率模型联系起来,用计算机来实现统计模拟或采样,得到问题的近似解。为了表明其概率统计特征而借用赌城蒙特卡洛来为该方法命名。

```
In [18]:  1  mc_returns = []
          2  mc_volatility = []
          3  num_assets = len(portfolio)
          4
          5  for roll in range(5000):
          6      weights = np.random.random(num_assets)
          7      weights /= np.sum(weights)
          8      mc_returns.append(np.sum(mean_returns * weights) * 252)
          9      mc_volatility.append(np.sqrt(np.dot(weights.T, np.dot(covar * 252, weights ))))
         10
         11 expected_returns = np.array(mc_returns)
         12 expected_volatility = np.array(mc_volatility)
```

图 6-13　对股票组合进行蒙特卡洛模拟

我们将把结果绘制成散点图，但在此之前，先把 mc_return 和 mc_volatility 列表转换为 NumPy 的数组：

```
expected_return = np.array(mc_return)
expected_volatility = np.array(mc_volatility)
```

最后，绘制预期收益率和预期波动率的图表：

```
color = expected_return/expected_volatility
plt.figure(figsize=(12,8))
plt.scatter(expected_volatility, expected_return, c=color,marker='o')
plt.grid()
plt.title("Monte Carlo simulation")
plt.xlabel('Expected volatility')
plt.ylabel('Expected return')
plt.colorbar(label="Sharpe ratio")
plt.show()
```

show() 方法是可选的。我之所以用它，是因为考虑到你可能想在 Matplotlib 的 notebook 模式下运行代码或是想用操作系统生成图表。

这个例子是对哈利·马克维兹[6]现代投资组合理论的一个说明[7]。希望获得更高的投资回报，预期的波动性就要越大，如图 6.14 所示。

图 6.14 中的曲线连接了所有最有效的结果，也就是风险和收益的最佳组合，称为"有效边界"。

---

[6] 译注：美国著名经济学家，芝加哥学派，现代投资组合理论的开创者，冯·诺伊曼理论奖（1989 年）得主和诺贝尔经济学奖（1990 年）得主。

[7] https://www.investopedia.com/terms/m/modernportfoliotheory.asp

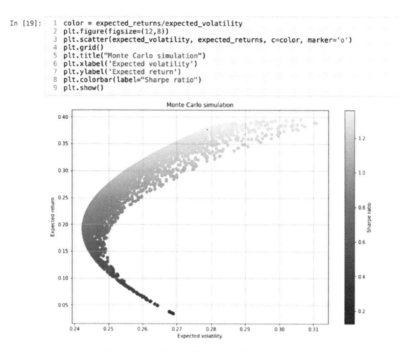

图 6-14　绘制蒙特卡洛模拟结果的图表

6.7　有效边界

上面的例子证明了我们完全可以从头开始建立任何统计或金融模型。不过，如果你的时间不多而且又迫切需要一站式解决方案的话，可以考虑使用专业的 PyPortfolioOpt 软件包，它能实现投资组合优化方法，包括有效边界以及其他风险管理相关的解决方案[8]。我们已经安装过许多软件包，我相信，现在已经不必再提醒你从哪里打开终端窗口了。打开终端窗口后，运行以下语句：

```
pip install pyportfolioopt
```

我们将用 PyPortfolioOpt 来寻找投资组合的有效边界。请新建一个 Jupyter Notebook 文件，并导入 PyPortfolioOpt 软件包中的以下函数：

```
import pandas as pd
```

---

[8]　https://pyportfolioopt.readthedocs.io/en/latest/index.html

```
import pandas_datareader.data as web
from pypfopt.efficient_frontier import EfficientFrontier
from pypfopt.cla import CLA
from pypfopt import plotting
from pypfopt.plotting import plot_weights
from pypfopt import risk_models
from pypfopt import expected_return
```

我会逐一解释导入的所有函数的作用。现在，我们的目标是生成并绘制投资组合的有效边界，并用马科斯·洛佩兹·德·普拉多（Marcos López de Prado，金融界的量化数学家，康奈尔大学教授）和大卫·贝利（David Bailey，加州大学戴维斯分校数学家和知名计算机科学家）提出的"临界线算法"（Critical Line Algorithm）找到最佳投资组合[9]。

本例还是使用前一个例子中的投资组合，新建文档后，我们需要重新获取历史价格。不过，非常欢迎你选用自己喜欢的股票或在列表中添加更多股票：

```
portfolio = ["MSFT", "AAPL", "IBM"]
price = pd.DataFrame()
for stock in portfolio:
    prices[stock] =web.DataReader(stock,'yahoo', '2017-01-01', '2021-03-20')["Adj Close"]
```

与之前的案例类似，PyPortfolioOpt通过推算历史回报率来计算预期回报率。顾名思义，在文件开头处导入的expected_return模块的作用是生成平均年化收益。对Pandas-Datareader取得的历史价格运行xpected_return模块：

```
mu = expected_return.mean_historical_return(prices)
```

PyPortfolioOpt包含一些能量化资产风险的风险模型。其中包括是协方差矩阵。前面用的是Pandas的cov()方法创建的协方差矩阵。这次，我们将使用在文件开头导入的risk_models模块中的ample_cov()方法：

```
sigma = risk_models.sample_cov(price)
```

sample_cov()函数接受价格并返回年化结果。和之前的案例不同，这次没必要将结果乘以252个交易日。因为它已经被包含在sample_cov()中了。

有了预期收益率和协方差后，就可以计算开始处导入的有效边界函数

---

[9] https://papers.ssrn.com/sol3/papers.cfm?abstract_id=2197616

EfficientFrontier()。

除了收益率和协方差，还可以以元组列表的形式为所有股票提供权重边界。在上一个例子中，我们假设投资组合中持有 50% 的 MSFT 和 25% 的 AAPL 和 IBM 的股票。如果想要设置精确的值，就传入这样的关键字参数：weight_bounds =[(0.5,0.5), (0.25,0.25), (0.25,0.25)]。若是不设置精确的值，那么投资组合中所有的头寸默认都是 (0,1)，这意味着投资组合中每只股票的权重最低可能为 0，最大权重则是 100%。如果一个投资组合中含有空头头寸的话，那 weight_boundss 应该被设置为 (-1,1)。我建议保留 (0,1) 这个默认值，以便找出最佳结果：

```
efficient_front = EfficientFrontier(mu, sigma, weight_bounds=(0,1))
```

EfficientFrontier() 函数总是返回一个对象，如图 6.15 所示。

PyPortfolioOpt 的作用是优化股票组合。换句话说，PyPortfolioOpt 能指导我们以更好的方式构建投资组合，并实现投资目标的指导。

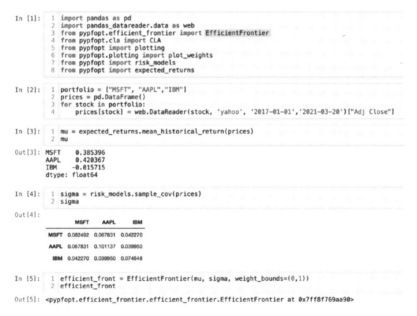

图 6.15　生成一个股票组合的有效边界

举个例子，如果当前投资目标是将波动率降到最低，就可以通过有效边界对象的 min_volatility() 属性得到投资组合资产分配建议：

```
min_vol_weights = efficient_front.min_volatility()
```

PyPortfolioOpt 的结果显示，如果希望获取最低波动率水平的最大收益，就需要将 52% 的资产分配给 IBM，17% 分配给 AAPL，30% 分配给 MSFT，如图 6-16 所示。

```
In [6]:  1  min_vol_weights = efficient_front.min_volatility()
         2  min_vol_weights

Out[6]: OrderedDict([('MSFT', 0.3038429749934607),
                     ('AAPL', 0.1703707960027631),
                     ('IBM', 0.5257862290037761)])
```

图 6-16 计算投资组合中股票的权重来最小化波动率

如果目标是获取最大的经风险调整后的收益，就可以选择用 max_sharp() 方法来最大化夏普比率[⑩]。无风险利率默认是 2%，但也可以将其设置为实时无风险利率：

```
max_sharp_weights = efficient_front.max_sharpe(risk_free_rate=0.02)
```

选择最大化夏普比率的话，返回结果将会和之前的完全不同。PyPortfolioOpt 建议我们将 MSFT 和 AAPL 的股份分别提升到 54% 和 45%，并清仓 IBM 股票，如图 6.17 所示。

```
In [7]:  1  max_sharp_weights = efficient_front.max_sharpe(risk_free_rate=0.02)
         2  max_sharp_weights

Out[7]: OrderedDict([('MSFT', 0.5431272531388696),
                     ('AAPL', 0.4568727468611304),
                     ('IBM', 0.0)])
```

图 6-17 最大化投资组合的夏普比率

根据我们的假设和投资目标，portfolio_performance() 方法将计算出预期收益率、年波动率和夏普比率。惟一需要注意的是，portfolio_performance() 将返回根据你对投资组合执行的最后一次操作得到的预期收益和波动率。为了使这个例子更清晰，我们需要清除当前正在工作的笔记本的内存。这可以通过选择 Jupyter 笔记本的上部内核（Kernel）菜单中的"Restart & Clear Output"（重启和清除输出）选项来完成。然后重新运行所有软件包被导入的单元，用 Pandas-Datareader 获取各只股票的历史价格，并且计算预期收益和协方差矩阵。最后要做的是选择一个方案，比如最大化夏普比率。接着运行单元格，获取方案对应的收益和波动的方案。之后，可以通过对有效边界的实例运行 portfolio_performance() 来获取投资组合的绩效：

---

⑩ 译注：又称夏普指数，在金融领域，用于衡量一项投资在调整风险后相对于无风险资产的表现，定义为投资收益与无风险收益之间的期望值，再除以投资标准差。这一概念是威廉·夏普在 1966 年提出的。

```
efficient_front.portfolio_performance(verbose=True, risk_free_rate = 0.02)
```

我们可以把 verbose 和 risk_free_rate 这两个参数传入 portfolio_performance() 方法。verbose 参数决定了返回的值是否会随同其说明一起打印出来。默认情况下，verbose 被设置为 False，这意味着只返回一个包含原始数字的元组。将 verbose 设置为 true，可以打印所有带有说明的值，如图 6.18 所示。risk_free_rate 参数会影响预期收益和波动率，所以应该将其设置为未来市场的推测利率。

```
In [6]:  1 max_sharp_weights = efficient_front.max_sharpe(risk_free_rate=0.02)
         2 max_sharp_weights
Out[6]: OrderedDict([('MSFT', 0.5431272531388696),
                     ('AAPL', 0.4568727468611304),
                     ('IBM', 0.0)])

In [7]:  1 efficient_front.portfolio_performance(verbose=True, risk_free_rate = 0.02)
         Expected annual return: 40.1%
         Annual volatility: 28.1%
         Sharpe Ratio: 1.36
Out[7]: (0.40137323818674575, 0.28126116543611335, 1.355939905871478)
```

图 6-18　获取具有最大夏普比率的投资组合的预期绩效

此外，还可以用开始处导入的 plot_weights() 绘图方法来将 max_sharpe() 方法返回的推荐持股权重绘制成图表，如图 6-19 所示。

```
plot_weights(max_sharp_weights)。
```

```
In [6]:  1 max_sharp_weights = efficient_front.max_sharpe(risk_free_rate=0.02)
         2 max_sharp_weights
Out[6]: OrderedDict([('MSFT', 0.5431272531388696),
                     ('AAPL', 0.4568727468611304),
                     ('IBM', 0.0)])

In [7]:  1 efficient_front.portfolio_performance(verbose=True, risk_free_rate = 0.02)
         Expected annual return: 40.1%
         Annual volatility: 28.1%
         Sharpe Ratio: 1.36
Out[7]: (0.40137323818674575, 0.28126116543611335, 1.355939905871478)

In [8]:  1 plot_weights(max_sharp_weights);
```

图 6-19　绘制具有最大夏普比率的投资组合的权重图

同理，为了得到低波动率的投资组合的预期绩效，我们需要再次清除所有输出并重新启动内核。然后重新运行单元格，将其应用于有效边界的实例中。在这种条件下，portfolio_performance() 方法会返回一组完全不同的绩效指标，如图 6.20 所示。

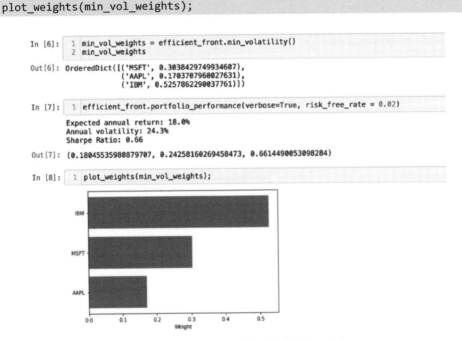

图 6-20　获得波动率最小的投资组合的预期表现

将最小波动率对应的股票权重可视化有助于理解资产配置。用 plot_weights() 函数将其绘制成图表，如图 6-21 所示。

```
plot_weights(min_vol_weights);
```

图 6-21　绘制波动率最小的投资组合的股票权重图表

正如前面所述，PyPortfolioOpt 自带的绘图工具有助于将整个有效边界可视化。如果你运行过 min_volatility() 或 max_sharpe() 方法，plotting() 函数就无法运行。需要通过清除内存和重置内核来恢复初始有效边界的实例。之后,重新运行所有单元格,但使用了 min_volatility() 和 max_sharpe() 方法的单元格除外。

通过一行代码和之前导入的 plotting() 函数来绘制曲线:

```
plotting.plot_efficient_frontier(efficient_front, show_assets=True)
```

show_assets 参数将确保图表中也显示了股票,如图 6.22 所示。

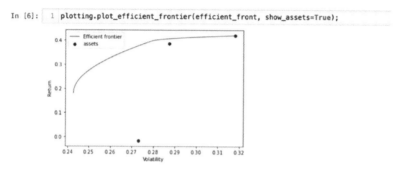

图 6.22　绘制投资组合的有效边界图表

除了经典的均值-方差最优化外,还可以选择另一种方法:CLA(临界线算法)。CLA 是一种最优化解决方案,用于寻找曲线上的最佳投资组合。它常用于投资组合管理,因为它是惟一一个专门为不等式约束的投资组合最优化而设计的算法。它在 PyPortfolioOpt 中对应的是 CLA() 函数。CLA() 函数需要用预期收益和协方差矩阵来获取最佳投资组合。将之前生成的值传入 CLA(),并将其绘制成图表,如图 6.23 所示:

```
cla = CLA(mu, sigma)
plotting.plot_efficient_frontier(cla)。
```

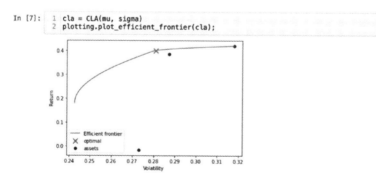

图 6.23　用 CLA 绘制最优投资组合图

PyPortfolioOpt 库在投资组合管理中的作用是无可替代的。它简单易用，而且官方文档也很详细。我建议密切关注文档（https://pyportfolioopt.readthedocs.io/en/latest/index.html）中的新功能或变化。本章中没有讲到另外一些功能，比如说实现自己的优化程序。我相信，在学习了前面的例子后，你已经对 PyPortfolioOpt 库的用法有了更深入的理解。

6.8 基本面分析

如今，有很多种获取企业的财务信息的方法。比如第 4 章中讲到的 Alpha Vantage API。在这里，我想介绍另一个 Python 软件包：Fundamental Analysis（基本面分析），它常用于获取和分析资产负债表、利润表、现金流和上市公司的其他基本面信息。

首先，我们需要用 pip 命令来安装 Fundamental Analysis 库：

```
pip install FundamentalAnalysis
```

新建一个 Jupyter Notebook 文件，并导入 Fundamental Analysis、Pandas、Requests 和用于绘制数据的图表 Matplotlib：

```
import FundamentalAnalysis as fa
import matplotlib.pyplot as plt
import pandas as pd
import requests
```

基本面分析是 FinancialModeling Prep API 的一个小型 Python 装饰器，负责收集上市公司的基本面信息。官方文档表明，它可以用于获取超过 13 000 家上市公司的详细数据。

在开始使用金融分析包之前，需要先从 https://financialmodelingprep.com/developer/docs/ 获得 API 密钥。注册并选择使用免费方案或付费方案。选择后者的话，能获取高级 API 以及 30 年以上的历史数据。在选择好计划后，在页面上方的菜单中单击 Dashboard，然后找到 API 密钥。

第 6 章　Python 金融数据分析

获取 API 密钥后，就可以开始探索金融分析功能了。我在以下例子中用到的 API 密钥无法重用，请务必自行申领 API 密钥。

首先要做的是获取包含所有可用的公司和 ETF（交易所交易基金）的列表：

```
API_KEY = "67798c76144513a2d054bbed39ec6ed9"
companies = fa.available_companies(API_KEY)
```

从 available_companies() 函数以及所有其他函数处收到的数据都是以 DataFrame 的形式呈现的。我们可以利用 iloc[] 方法在行与行之间移动，如图 6.24 所示。

```
companies.iloc[5:10]
```

```
In [1]:  1  import FundamentalAnalysis as fa
         2  import matplotlib.pyplot as plt
         3  import pandas as pd
         4  import requests

In [2]:  1  API_KEY = "67798c76144513a2d054bbed39ec6ed9"

In [3]:  1  companies = fa.available_companies(API_KEY)
         2  companies.iloc[5:10]
```

Out[3]:

symbol	name	price	exchange	exchangeShortName	type
GDX	VanEck Vectors Gold Miners ETF	32.03	New York Stock Exchange Arca	AMEX	etf
GE	General Electric Company	94.47	New York Stock Exchange	NYSE	stock
BAC	Bank of America Corporation	44.49	New York Stock Exchange	NYSE	stock
EEM	iShares MSCI Emerging Markets ETF	48.85	New York Stock Exchange Arca	AMEX	etf
XLF	Financial Select Sector SPDR Fund	39.05	New York Stock Exchange Arca	AMEX	etf

图 6.24　浏览可用公司的列表

可以选择使用自己喜欢的公司的交易所代号。我对埃克森美孚公司很感兴趣。埃克森美孚在纽约证券交易所的代号是 XOM。profile() 函数可以提供任意上市公司的基本信息，如图 6.25 所示。

```
ticker = "XOM"
profile = fa.profile(ticker, API_KEY)
```

```
In [4]: 1  ticker = "XOM"
        2  profile = fa.profile(ticker, API_KEY)
        3  profile
```

Out[4]:

	0
symbol	XOM
price	61.19
beta	1.348051
volAvg	20094582
mktCap	260711006208
lastDiv	3.49
range	41.0-66.38
changes	0.399998
companyName	Exxon Mobil Corporation
currency	USD
cik	0000034088

图 6.25 接收 XOM 股票的基本信息

估值是个非常重要的信息。它可以通过 FinancialAnalysis 工具包的 enterprise() 函数来获取。免费方案可以获得五年期的估值，付费方案则可以获得更长时期的估值，如图 6.26 所示。

```
entreprise_value = fa.enterprise(ticker, API_KEY)
entreprise_value
```

```
In [5]: 1  entreprise_value = fa.enterprise(ticker, API_KEY)
        2  entreprise_value
```

Out[5]:

	2020	2019	2018	2017	2016
symbol	XOM	XOM	XOM	XOM	XOM
stockPrice	44.84	64.790001	72.290001	86.779999	84.860001
numberOfShares	4270212766	4234000000	4237000000	4256000000	4170212766
marketCapitalization	191476340427.440002	274320864234.000003	306292734237	369335675744	353884259492.972778
minusCashAndCashEquivalents	4364000000	3089000000	3042000000	3177000000	3657000000
addTotalDebt	65960000000	45250000000	36493000000	41009000000	41537000000
enterpriseValue	253072340427.440002	316481864234	339743734237	407167675744	391764259492.972778

图 6.26 埃克森美孚公司的估值

这个包之所以名为基本面分析，是有原因的。我们可以通过 balance_sheet_statement() 函数来获取一家上市公司几年内的资产负债表，如图 6.27 所示。period 关键词参数可以设置为 annual 或是 quarter。除了资产负债表以外，balance_sheet_statement() 还能返回 SEC（美国证券交易委员会）文件的链接，以便直接查看信息来源。

```
In [6]:  1  balance_sheet_annually = fa.balance_sheet_statement(ticker, API_KEY, period="annual")
         2  balance_sheet_annually
```

Out[6]:

	2020
reportedCurrency	USD
cik	0000034088
fillingDate	2021-02-24
acceptedDate	2021-02-24 17:01:02
calendarYear	2020
period	FY
cashAndCashEquivalents	4364000000
shortTermInvestments	43515000000
cashAndShortTermInvestments	47879000000
netReceivables	20581000000
inventory	18850000000
otherCurrentAssets	-42417000000

图 6.27　埃克森美孚公司的资产负债表

除了资产负债表外，还能获取损益表和现金流量表：

```
income_statement_annually = fa.income_statement(ticker,API_KEY,
period="annual")
Cash_flow_statement_annually = fa.cash_flow_statement(ticker,API_KEY,
period="annual")
```

我们可以用 Matplotlib 库来进行可视化数据分析。毛利润是基本面分析的重要组成部分，我们将通过将收入和收入成本的数据绘制成柱状图来实现可视化。

将图表的 x 轴设置为年份：

```
x = income_statement_annually.columns
```

收入和收入成本的数据要从收入报表中获取：

```
revenue = income_statement_annually.loc["revenue"]
cost = income_statement_annually.loc["costOfRevenue"]
```

柱状图和其他 Matplotlib 图表一样，需要 x 和 y 这两个坐标参数。同时，我们将指定柱状图的颜色和宽度参数：

```
plt.bar(x, revenue, color ='maroon', width = 0.6)
plt.bar(x, cost, color ='blue', width = 0.6)
plt.title("Exxon Mobil Corp Revenue/Cost of Revenue");
```

从图表中可以看出，对埃克森美孚公司而言，2020 年是艰难的一年，如图 6.28 所示。

通过财务分析，还可以从美国证券交易委员会（SEC）处获取原始数据和关键财务比率。

key_metrics() 函数可以提供所有的主要指标，比如当前股本回报率：

```
ratios = fa.key_metrics(ticker, API_KEY)
```

```
In [7]: 1  income_statement_annually = fa.income_statement(ticker,API_KEY, period="annual", limit=5)
        2  cash_flow_statement_annually = fa.cash_flow_statement(ticker,API_KEY, period="annual", limit=5)

In [8]: 1  x = income_statement_annually.columns
        2  revenue = income_statement_annually.loc["revenue"]
        3  cost = income_statement_annually.loc["costOfRevenue"]
        4
        5  plt.bar(x, revenue, color ='maroon', width = 0.6)
        6  plt.bar(x, cost, color ='blue', width = 0.6)
        7  plt.title("Exxon Mobil Corp Revenue/Cost of Revenue");
```

图 6.28 可视化的毛利润

利用 Matplotlib 库的 subplot() 函数，我们将在同一图表的不同窗口中绘制投资资本回报率和股本回报率。将 x 轴设置为 ratios.columns 中的年数，y 轴则设置为行中的 roic 和 roe。可以用 DataFrame 的 loc[] 方法通过输入标签来获取行中的值：

```
x = ratios.columns
roic = ratios.loc["roic"]
roe = ratios.loc["roe"]

plt.subplot(211)
plt.plot(x, roic, color="blue", marker="o", label="ROIC")
plt.legend()
plt.subplot(212)
plt.plot(x, roe, color="green", linestyle='--', label="ROE")
plt.legend();
```

subplot() 方法中的 211 和 212 这两个数字代表网格，其中第一个数字 2 表示行数，第二个数字 1 表示列数（每个子图只有一列），最后一个数字则代表一个子图在整张图表中的位置。

运行以上代码后，图表中将包含两张子图，每张子图都显示着不同的值，如图 6.29 所示。

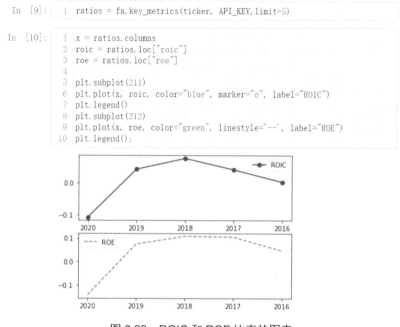

图 6.29　ROIC 和 ROE 比率的图表

6.9　财务比率

另一组经常用到的比率是财务比率。财务比率是有助于投资者了解公司财务状况并对一个行业中不同公司的业绩进行比较的重要信息。财务比率可以通过 financial_ratios() 函数获得：

```
fin_ratios = fa.financial_ratios(ticker, API_KEY)
```

在收到的这些财务比率中，我想单独将存货周转率绘制成图表：

```
x = fin_ratios.columns
it = fin_ratios.loc["inventoryTurnover"]
```

```
plt.grid()
plt.plot(x, it, marker="p")
plt.title("Exxon Mobil Corp Inventory Turnover");
```

存货周转率显示了公司销售存货的速度。2016 年的高存货周转率意味着更高的销售额，表明当年的油价可能比较高，如图 6.30 所示。

```
In [12]: 1  fin_ratios = fa.financial_ratios(ticker, API_KEY, limit=5)

In [13]: 1  x = fin_ratios.columns
         2  it = fin_ratios.loc["inventoryTurnover"]
         3  plt.grid()
         4  plt.plot(x, it, marker="p")
         5  plt.title("Exxon Mobil Corp Inventory Turnover");
```

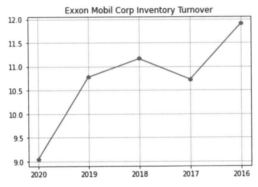

图 6.30　绘制存货周转率图

财务分析是一个非常方便的软件包，只需要几行代码就能获取财务信息。

通过本章可以看出，我们可以选择从头开始建立一个解决方案，也可以选择使用第三方 Python 库。这完全取决于自己的具体需求。如果是算法交易员的话，可能更喜欢自己创建灵活度高的解决方案。另一方面，如果需要快速获取数据，那么总有一个 Python 软件包可以帮助完成这项工作。在我看来，对任何类型的金融分析而言，Python 都是一个很不错的工具。

第 7 章
Python 数字化营销

　　数字营销需要用数字化工具来做很多事，比如与社交媒体合作，发送促销电子邮件，以及各种通过互联网吸引客户的营销活动。有许多营销应用程序都能帮数字化营销人员运行、测试和分析促销活动。但是，其中一些工具的售价高得离谱，还有一些工具无法自定义设置，需要额外进行一些工作才能取得结果。

　　要是只输入几行代码，就可以免费运行并评估任何自定义方案，该多好呀。好消息是我们可以用 Python 来建立自己的营销工具。所有科技巨头企业都免费提供好用的 API，用于自动化任务以及管理信息。

　　本章探索谷歌、推特和 Mailgun 提供的最受欢迎的营销服务。我们将使用它们的 API 和 Python 库来自动化许多繁琐的任务。此外，本章还将讲解如何以 Python 可读的格式获取营销数据，以便使用 Pandas 进行检查。

我们将从最基本的数字营销工具谷歌分析服务开始说起。谷歌是一家对 Python 很友好的公司，Python 之父吉多·范罗苏姆 (Guido van Rossum)[1] 在谷歌工作过一段时间。谷歌的许多服务都是在 Python 上运行的，并且几乎所有服务都可以通过 API 访问。为了让人们能更轻松地连接到谷歌的服务，谷歌甚至有专门的 Python 库。

7.1 开始使用 Google API Client

我想先简单介绍一下 Google API Client 包。Google API Client 库为所有基础谷歌商品提供了一个入口。无论是想用 Gmail 账户发送或阅读电子邮件，还是想用 Python 访问谷歌地图，都需要在电脑上安装 Google API Python Client。

使用 pip 这个 Python 软件包管理器来安装软件包是很简单快捷的。通过以下路径打开终端：Anaconda Navigator → Environments → base → Terminal。然后输入 pip 命令，安装 Google API Client 包：

```
pip install Google-api-python-client
```

使用任何谷歌服务都需要认证并启用 API[2]。我接下来要讲述的过程适用于所有谷歌 API 服务。

谷歌建议用户在 Google 云平台（https://cloud.google.com/）管理自己的项目并跟踪 API 的使用情况。谷歌有些服务是免费的，有些则是收费的，但不管怎样，谷歌为所有新开发者都赠送了 300 美元的额度，足以让大家试用 API 了。如果还没有创建谷歌账户的话，请创建一个账户，然后登录 Google 云平台：https://accounts.google.com。

---

[1] 译注：生于荷兰哈勒姆，计算机程序员。1989 年圣诞节期间，从阿姆斯特丹大学获得数学和计算机硕士学位的他，为了打发圣诞节的无趣，开发了 Python 这个新的语言解释器来代替 ABC 语言。Python 得名于英国 20 世纪 70 年代首播的喜剧《蒙提·派森的飞行马戏团》（Monty Python's Flying Circus）。很多杰出的程序员，比如《代码大全 2 纪念版》的作者史蒂夫·麦康奈尔，也是这档节目的铁杆粉丝。

[2] https://developers.google.com/analytics/devguides/reporting/data/v1/quickstart-client-libraries

第 7 章　Python 数字化营销

初次接触 Google Cloud Platform 的控制面板，可能有些让人望而生畏，因为其中包含太多信息以及不知其意的缩写。我们需要为一个 API 创建一个新项目。

第 1 步： 在顶部 Google Cloud Platform 的图标旁找到"选择项目"，单击该选项后，再单击弹出界面右上角的"新建项目"。或者也可以直接跳到管理资源页面：https://console.cloud.google.com/cloud-resource-manager。

可以看到管理资源页面上方的"创建项目"选项，如图 7.1 所示。

图 7.1　Google Cloud Platform 管理资源页面

单击"创建项目"，然后在"项目名称"文本框中输入新项目的名称。起什么名字都行。不用对"位置"文本框中默认的"无组织"进行更改。

第 2 步：单击蓝色的创建按钮后，就可以在控制面板上看到新建的项目了。如果你的 Google Cloud Platform 的主页中显示的是另一个项目，请在顶部菜单中选择你现在想使用的项目。

第 3 步：控制面板由许多卡片组成。选择其中那张写着 API 的卡片。API 卡片的底部有一个箭头，上面是"转到 API 概览"。正如第 4 章中讲到的那样，几乎所有 API 都需要以 API 密钥的形式进行认证。

第 4 步：单击 API 和服务页面的顶部的加号"启动 API 和服务"。页面会跳转到 API 库，可以在其中选择任何想连接的谷歌服务。现在，请在页面的搜索框中输入"Google Analytics（分析）API"。除了 Google Analytics（分析）API 以外，我们还查找到了所有其他谷歌分析的相关服务，比如 Google Analytics Reporting API 和 YouTube Analytics。请单击 Google Analytics Reporting API，如图 7.2 所示。

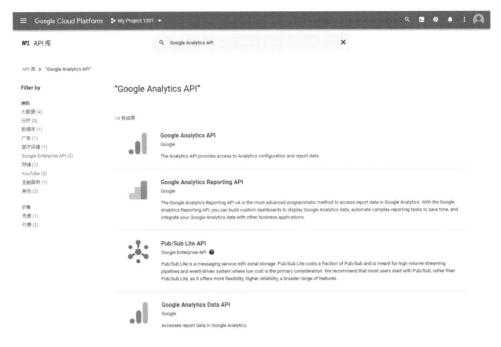

图 7.2 查找 Google Analytics Reporting API 服务

Google Analytics Reporting API 页面提供了有关该服务的所有信息。此外，还提供了教程和官方文档的链接。我建议密切关注官方文档，因为它未来可能会发生变动。

我们的目标是激活 Google Analytics Reporting API。在页面中找到蓝色的"启用"按钮并单击它。随后，浏览器应该会跳转至"API 和服务"页面。距离拥有一个功能齐全的谷歌应用服务，还剩下最后一步：获取该服务的 API 密钥。在左边的菜单中，单击钥匙符号的"凭据"选项。在凭据页面中，可以初始化、管理以及更改 API 密钥。在凭据页面的顶部有一个加号，旁边写着"创建凭据"。单击这个选项，并选择"创建 API 密钥"，页面上将弹出"已创建的 API 密钥"界面，如图 7.3 所示。

大多数谷歌 API 服务都需要用到一个 API 密钥。请将密钥保存下来，备用。

第 7 章　Python 数字化营销

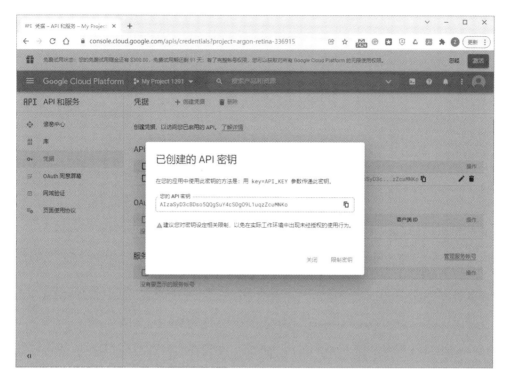

图 7.3　为 Google Analytics 服务生成 API 密钥

在正式调用 Google Analytics（分析）的 API 之前，还需要做最后一件事：Google Analytics（分析）要求 API 密钥以 JSON 的格式提供。最简单的生成带有密钥的 JSON 文件的方法是打开 Google 云服务的"服务账号"页面。你可以在页面顶端的搜索框中搜索它，也可以选择左边的菜单的"IAM 和管理"选项。打开 IAM 和管理页面后，选择右侧菜单中的"服务账号"选项。这会让浏览器跳转到 https://console.cloud.google.com/iam-admin/serviceaccounts。如果你有多个项目，就单击 Google Analytics（分析）的项目。在页面中，可以看到谷歌为该服务创建了一个项目邮箱，如图 7.4 所示。

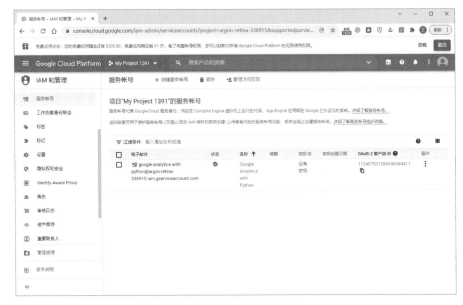

图 7.4　服务账号页面和谷歌服务邮箱

单击邮箱，并跳转至"密钥"标签页。可以看到"添加密钥"按钮。单击这个按钮并选择"创建新密钥"。弹出的窗口中提供了生成 JSON 密钥文件的选框，如图 7.5 所示，单击"创建"按钮并将下载文件保存在电脑中。

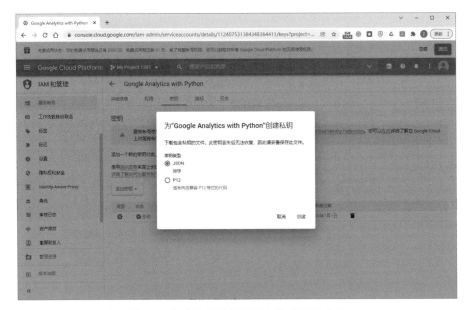

图 7.5　生成密钥并将其保存为 JSON 文件

生成 JSON 文件形式的 API 密钥后，我们终于可以编写代码来使用 Google Analytics（分析）了。事不宜迟，现在就开始动手编写 Python 代码！新建一个 Jupyter Notebook 文件，把下载好的 JSON 密钥文件移到同一个工作目录下。另外，最好将 JSON 文件重命名为 client_secret_api.json。

为了获得认证，需要先把 Oauth2client 库安装好。还是老样子，打开终端窗口并运行 pip 命令安装该库：

```
pip install oauth2client
```

在新建的 Jupyter Notebook 文件中，导入以下库：

```
from oauth2client.service_account importServiceAccountCredentials
from apiclient.discovery import build
```

我们需要在脚本的开头定义凭据。每个想访问 Google Analytics（分析）的人使用的 SCOPES 都一样。KEY_FILE_LOCATION 的作用是提供包含 API 密钥的 JSON 文件的路径。我把这个文件重命名为 client_secret_api.json。VIEW_ID 则是你的 Google Analytics（分析）项目的数据视图 ID。如果在 Google Analytics（分析）中激活了"创建 Universal Analytics 媒体资源"的选项，你就可以在 Google Analytics（分析）中找到数据视图 ID。单击 Google Analytics（分析）页面左下角的"管理"，找到并单击"数据视图设置"。在基本设置中，可以找到数据视图 ID。在 Google Analytics（分析）中时，将服务账号（如图 7.4 所示）中显示的电子邮件地址添加到"账号访问权限管理"中允许生成报告的用户名单中。

```
SCOPES = ['https://www.googleapis.com/auth/analytics.readonly']
KEY_FILE_LOCATION = 'client_secret_api.json'
VIEW_ID = '257723091'
```

为了初始化凭据，我们将使用在开始处导入的 ServiceAccount Credentials，并将 KEY_FILE_LOCATION 和 SCOPES 用作参数：

```
credentials = ServiceAccountCredentials.from_json_keyfile_name(KEY_FILE_
LOCATION, SCOPES)
```

接下来，我们要通过 build() 函数连接谷歌 API 客户端库。正如前文所提到的，Google API Client 是所有谷歌服务通用的。在 build() 函数中指定想要连接的服务以及软件包的版本：

```
analytics = build('analyticsreporting', 'v4', credentials=credentials)
```

还需要为 Google Analytics（分析）报告设置时间范围。可以用 start_date 变量和 end_date 变量来设置：

```
start_date = "2020-01-01"
end_date = "2021-04-23"
```

此外，还需要为 Google Analytics（分析）报告指定维度和指标。可以访问 https://ga-dev-tools.appspot.com/dimensions-metrics-explorer/，找到所有可用指标的列表。

在我的第一个报告中，我将使用 user 和 sessions 这两个很受欢迎的指标。我们需要用 analytics.reports() 函数发送获取这个报告的请求，并在主体中指定数据视图 ID、日期、指标和维度：

```
response = analytics.reports().batchGet(body=
    {'reportRequests': [{
        'viewId': VIEW_ID,
        'dateRanges': [{'startDate': start_date, 'endDate':end_date}],
        'metrics': [
            {"expression": "ga:users"},
            {"expression": "ga:sessions"}
        ]
    }]}).execute()
```

用户和会话数指标参数应作为数组键和值传入函数，expression 后面是指标。

在一个新的单元格中打印 response，即可看到 Google Analytics（分析）生成的 JSON 格式的报告，如图 7.6 所示。

```
In [1]:  1  from oauth2client.service_account import ServiceAccountCredentials
         2  from apiclient.discovery import build

In [2]:  1  SCOPES = ['https://www.googleapis.com/auth/analytics.readonly']
         2  KEY_FILE_LOCATION = 'client_secret_api.json'
         3  VIEW_ID = '123415356'

In [3]:  1  credentials = ServiceAccountCredentials.from_json_keyfile_name(KEY_FILE_LOCATION, SCOPES)
         2  analytics = build('analyticsreporting', 'v4', credentials=credentials)

In [4]:  1  start_date = "2020-01-01"
         2  end_date = "2021-04-23"

In [5]:  1  response = analytics.reports().batchGet(body={
         2      'reportRequests': [{
         3          'viewId': VIEW_ID,
         4          'dateRanges': [{'startDate': start_date, 'endDate': end_date}],
         5          'metrics': [
         6              {"expression": "ga:users"},
         7              {"expression": "ga:sessions"}
         8          ]
         9      }]}).execute()

In [6]:  1  response
Out[6]: {'reports': [{'columnHeader': {'metricHeader': {'metricHeaderEntries': [{'name': 'ga:users',
       'type': 'INTEGER'},
      {'name': 'ga:sessions', 'type': 'INTEGER'}]}},
    'data': {'rows': [{'metrics': [{'values': ['308074', '363017']}]}],
     'totals': [{'values': ['308074', '363017']}],
     'rowCount': 1,
     'minimums': [{'values': ['308074', '363017']}],
     'maximums': [{'values': ['308074', '363017']}]}}]}
```

图 7.6　生成 Google Analytics（分析）的用户和会话指标的报告

前面介绍过 JSON，它的运作方式和 Python 字典相同。

响应中的 reports 键下包含一个数组。可以获取这个数组并抓取其中的第一项：

response['reports'][0]

要找的信息存储在 data 键下。data 保存着另一个字典，可以通过字典方法 keys() 来查看所有的键：

response['reports'][0]["data"].keys()

结果如下：

dict_keys(['rows', 'totals', 'rowCount', 'minimums', 'maximums'])

totals 键保存着我们希望用到的信息。我们想要获取用户和会话的值：

```
report = response['reports'][0]["data"]['totals'][0]
users = report['values'][0]
sessions = report['values'][1]
```

在图 7.7 中，我们可以看到有 308087 位不同的用户访问该网站，总共有 363031 个会话。

```
In [6]:  1 response
Out[6]: {'reports': [{'columnHeader': {'metricHeader': {'metricHeaderEntries': [{'name': 'ga:users',
              'type': 'INTEGER'},
             {'name': 'ga:sessions', 'type': 'INTEGER'}]}},
           'data': {'rows': [{'metrics': [{'values': ['308087', '363031']}]}],
            'totals': [{'values': ['308087', '363031']}],
            'rowCount': 1,
            'minimums': [{'values': ['308087', '363031']}],
            'maximums': [{'values': ['308087', '363031']}]}}]}

In [7]:  1 report = response['reports'][0]["data"]["totals"][0]

In [8]:  1 users = report['values'][0]
         2 users
Out[8]: '308087'

In [9]:  1 sessions = report['values'][1]
         2 sessions
Out[9]: '363031'
```

图 7.7　从 JSON 响应中获取用户和会话的值

为了直观地了解用户对网站的参与程度，我们可以绘制图表，将新用户和老用户标注出来。sessions 指标中包含所有访问者，包括新用户和老用户。users 指标则只包含新用户。

我们需要在开始处的单元格中导入 Matplotlib 库：

```
import matplotlib.pyplot as plt
```

新用户的百分比可以通过用 users 指标除以 sessions 指标来计算。不要忘了，JSON 是以字符串形式呈现的，需要把其中的所有值转换成数字数据类型：

```
new_visitors = int(users)/int(sessions)
returning_visitors = 100- new_visitors
```

我们将用这些数字绘制一个环形图。环形图就是中间有圆形镂空的饼状图，如图 7.8 所示。

```
metrics = [new_visitors, returning_visitors]
plt.pie(metrics, shadow=True, colors=["#E74C3C","#27AE60"],labels=["New Visitors", "Returning Visitors"])
donut = plt.Circle( (0,0), 0.5, color='white')
p = plt.gcf()
p.gca().add_artist(donut);
```

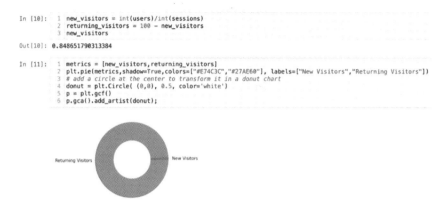

图 7.8　基于指标值的新老用户数的图表

另一个流行的谷歌分析报告是页面浏览量和会话时间。

可以沿用前一个例子中的日期范围和数据视图 ID。不过，这次需要将接收到的数据结构转为 DataFrame。在开头处的单元格中，添加导入 Pandas 库的语句：

```
import pandas as pd
```

Google 维度和指标浏览器[③]表明，我们需要将 ga:pageviews 和 ga:avgSessionDuration 用作指标，并将 ga:deviceCategory 用作维度。用以下代码编译分析报告请求：

```
response = analytics.reports().batchGet(body={
  'reportRequests': [{
    'viewId': VIEW_ID,
    'dateRanges': [{'startDate': start_date, 'endDate':end_date}],
    'metrics': [
        {"expression": "ga:pageviews"},
        {"expression": "ga:avgSessionDuration"}
    ], "dimensions": [
        {"name": "ga:deviceCategory"}
    ]
}]}).execute()
```

响应结果如图 7.9 所示。

---

③ https://ga-dev-tools.appspot.com/dimensions-metrics-explorer/

```
In [12]: 1  response = analytics.reports().batchGet(body={
         2      'reportRequests': [{
         3          'viewId': VIEW_ID,
         4          'dateRanges': [{'startDate': start_date, 'endDate': end_date}],
         5          'metrics': [
         6              {"expression": "ga:pageviews"},
         7              {"expression": "ga:avgSessionDuration"}
         8          ], "dimensions": [
         9              {"name": "ga:deviceCategory"}
        10          ]
        11      }]}).execute()

In [13]: 1  response
Out[13]: {'reports': [{'columnHeader': {'dimensions': ['ga:deviceCategory'],
          'metricHeader': {'metricHeaderEntries': [{'name': 'ga:pageviews',
          'type': 'INTEGER'},
          {'name': 'ga:avgSessionDuration', 'type': 'TIME'}]}},
          'data': {'rows': [{'dimensions': ['desktop'],
          'metrics': [{'values': ['689331', '47.1034009002383']}]},
          {'dimensions': ['mobile'],
          'metrics': [{'values': ['48839', '61.065466666666666']}]},
          {'dimensions': ['tablet'],
          'metrics': [{'values': ['1571', '74.28005657708628']}]}],
          'totals': [{'values': ['739741', '48.021453140447846']}],
          'rowCount': 3,
          'minimums': [{'values': ['1571', '47.1034009002383']}],
          'maximums': [{'values': ['689331', '74.28005657708628']}],
          'isDataGolden': True}}]}
```

图 7.9　请求谷歌分析报告中的网页浏览量和会话持续时间

和前面的例子一样，这次也需要从响应中获取数值。在大多数 API 中，所有的信息都存储在 data 键中。我们可以使用字典表示法解包响应并获取 data 键：

`response['reports'][0]["data"]`

因为之前请求了维度值，所以数据中还包含 rows 键。将这个路径存储到新建的变量 report_two 中：

`report_two = response['reports'][0]["data"]["rows"]`

如果对 report_two 建的运行 type() 函数，你会发现它是个列表数据结构。这个 report_two 列表包含三个带有 dimensions 键和 metrics 键的字典。同时，metrics 指向带有一个字典和 values 键的另一个列表，如图 7.10 所示。

```
In [14]: 1  report_two = response['reports'][0]["data"]["rows"]
         2  report_two
Out[14]: [{'dimensions': ['desktop'],
          'metrics': [{'values': ['689331', '47.1034009002383']}]},
          {'dimensions': ['mobile'],
          'metrics': [{'values': ['48839', '61.065466666666666']}]},
          {'dimensions': ['tablet'],
          'metrics': [{'values': ['1571', '74.28005657708628']}]}]
```

图 7.10　解包响应

我们的目标是抓取这些值，并将其存储到一个 DataFrame 中。report_two 是个列表，因此可以遍历它，并用字典表示法来获取它的值：

```
for item in report_two:
    print(
        item["dimensions"][0],
        item["metrics"][0]["values"][0],
        item["metrics"][0]["values"][1]
        )
```

我知道，for 循环的 print() 部分看上去有些混乱，令人难以理解。不过别担心，我会详细解释这部分代码的构造和意义的。让我们先从 item["dimensions"][0] 开始讲起。在图 7.10 中，可以看到 dimensions 键持有一个包含一个值的列表。我们需要用索引 [0] 获取这个值。在 for 循环中，item 变量代表 report_two 列表中的每个字典。item["dimensions"] 的作用是得到另一个列表，然后我们用 [0] 对它进行索引，以获取其中第一个也是惟一的值。运用同样的逻辑，我们可以获取网页浏览量的值。item["metrics"] 的作用是得到一个列表，我们用 [0] 对它进行索引，然后就能得到一个这样的字典：{'values': ['689331,' '47.1034009002383']}。values 键的 item["metrics"][0]["values"] 的作用是得到另一个包含两个值的列表。一个值是页面浏览量，另一个值则是会话持续时间。该列表中的第一个值的索引为 [0]，第二个的索引是 [1]。最后一行的 item["metrics"][0]["values"][0] 的作用是取得页面浏览量的值，item["metrics"][0]["values"][1] 则是取得会话持续时间的值。

为了将所有这些值以 DataFrame 的形式存储，我们需要把它们放入 Python 的列表中。

现在，初始化三个空的列表：

```
devices = []
pageviews = []
session_duration = []
```

在遍历 report_two 列表时，我们将这些值追加到每个列表中。一如既往，请时刻记住你接下来想要对这些值做什么，比如对其进行筛选或比较什么的。响应以字符串的形式返回，我们需要把这些值转换成整数和浮点数：

```
devices = []
pageviews = []
session_durations = []
for item in report_two:
    device = item["dimensions"][0]
    page = int(item["metrics"][0]["values"][0])
    session = round(float(item["metrics"][0]["values"][1]),2)
    devices.append(device)
    pageviews.append(page)
    session_durations.append(session)
```

在对列表中的所有值进行分组后,就可以构建一个 DataFrame 了:

```
data = pd.DataFrame()
```

将列表以列的形式添加到 DataFrame 中:

```
data["Page_views"] = pageviews
data["Session_duration"] = session_durations
data.index = devices
```

最后,收到的报告变成存储在 DataFrame 中的清爽整齐的值,可以用来进行分析了,如图 7.11 所示。

	Page_views	Session_duration
desktop	689331	47.10
mobile	48839	61.07
tablet	1571	74.28

图 7.11 存储在 DataFrame 中的 Google Analytics(分析)报告的值

接着,我们将通过一行代码来进行数据可视化。这次用的是 Pandas 内置的 plot() 和 pie() 这两个方法:

```
data.plot.pie(figsize=(18, 12), subplots=True, colors=["#FF0000",
"#00FF00", "#0000FF"]);
```

绘制出的页面浏览量与会话持续时间的报告图表如图 7.12 所示。

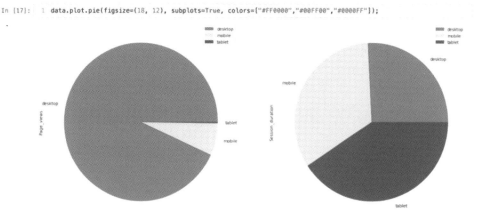

图 7.12　将谷歌分析报告中的页面浏览量和会话持续时间可视化

每次检查我的 Google Analytics（分析）时，我都非常好奇哪些地方的人在访问我的网站。接下来，我们将继续通过 Google Analytics request 模板，用国家和城市来获得会话的位置。

这一次，我将缩短日期范围，将其设置为三天的时间段。更长的时间段意味着更多的信息。Google Analytics（分析）的每次响应中都包含上千条记录，为了获取所有的数据，需要用 while 循环来一遍遍地发送 API 请求，直到得到所有的记录。这次要用的维度是 ga:country 和 ga:city。另一种方法追踪网站访问者的方法是使用经纬度对应的维度：ga:latitude 和 ga:longitude。除了日期范围和维度之外，Google Analytics（分析）请求的其他代码和前文中的代码是一样的：

```
response = analytics.reports().batchGet(body={
  'reportRequests': [{
  'viewId': VIEW_ID,
  'dateRanges':[{'startDate': "2021-04-20", 'endDate':"2021-04-
23"}],
  'metrics': [
      {"expression": "ga:sessions"},
        ], "dimensions": [
            {"name": "ga:country"},
```

```
            {"name":"ga:city"}
        ]
}]}).execute()
```

在图 7.13 的回应中,可以看到我收到的三天中的记录的一部分。其中值得注意的是,rowCount 是 758,这意味着响应返回了所有信息。如果网站有更多访客,或是采用的日期范围更大的话,响应中将包含 nextPageToken。这种情况下,就需要为获取下面的 1000 行发送另一个请求了。

```
In [18]: 1  response = analytics.reports().batchGet(body={
         2      'reportRequests': [{
         3      'viewId': VIEW_ID,
         4      'dateRanges': [{'startDate': "2021-04-20", 'endDate':"2021-04-23"}],
         5      'metrics': [
         6          {"expression": "ga:sessions"},
         7          ], "dimensions": [
         8              {"name": "ga:country"},
         9              {"name":"ga:city"}
        10          ]
        11  }]}).execute()

In [19]: 1  response
```

```
{'dimensions': ['United States', 'Woodstock'],
 'metrics': [{'values': ['1']}]},
{'dimensions': ['Uruguay', 'Montevideo'], 'metrics': [{'values': ['1']}]},
{'dimensions': ['Uzbekistan', 'Tashkent'],
 'metrics': [{'values': ['6']}]},
{'dimensions': ['Venezuela', 'Caracas'], 'metrics': [{'values': ['3']}]},
{'dimensions': ['Vietnam', '(not set)'], 'metrics': [{'values': ['2']}]},
{'dimensions': ['Vietnam', 'Da Nang'], 'metrics': [{'values': ['1']}]},
{'dimensions': ['Vietnam', 'Di An'], 'metrics': [{'values': ['12']}]},
{'dimensions': ['Vietnam', 'Hanoi'], 'metrics': [{'values': ['6']}]},
{'dimensions': ['Vietnam', 'Ho Chi Minh City'],
 'metrics': [{'values': ['7']}]},
{'dimensions': ['Vietnam', 'Tay Ninh'], 'metrics': [{'values': ['2']}]},
{'dimensions': ['Vietnam', 'Vinh Yen'], 'metrics': [{'values': ['1']}]}],
'totals': [{'values': ['1650']}],
'rowCount': 758,
'minimums': [{'values': ['1']}],
'maximums': [{'values': ['41']}],
'isDataGolden': True}}]}
```

图 7.13 调用 Google Analytics(分析)API 以查看网站访客的国家和城市维度

接着,我们需要把原始响应数据转换成易于分析的 DataFrame。转换的方法和过程和上一个例子类似。

我们需要从响应中获取信息。我将把这些信息保存为一个列表,保存在 report_three 变量中:

```
report_three = response['reports'][0]["data"]["rows"]
```

然后,需要初始化三个用于保存数据的 Python 列表:

```
countries = []
cities = []
sessions = []
```

用 for 循环遍历 report_three，并从每一行中获取国家、城市和会话的信息：

```
for item in report_three:
    country = item["dimensions"][0]
    city = item["dimensions"][1]
    session = item["metrics"][0]["values"][0]
    countries.append(country)
    cities.append(city)
    sessions.append(session)
```

有了列表中的所有数据后，就可以用它们构建 DataFrame。

初始化一个新 DataFrame，将其命名为 location：

```
location = pd.DataFrame()
```

将列表作为值分配给 location 中的列：

```
location["Country"] = countries
location["City"] = cities
location["Sessions"] = sessions
```

location 这个 DataFrame 中的一些值显示的是 (not set)，如图 7.14 所示。这意味着 Google Analytics（分析）无法识别访客的所在地。

```
In [20]:  1  report_three = response['reports'][0]["data"]["rows"]
          2
          3  countries = []
          4  cities = []
          5  sessions = []
          6
          7  for item in report_three:
          8
          9      country = item["dimensions"][0]
         10      city = item["dimensions"][1]
         11      session = item["metrics"][0]["values"][0]
         12      countries.append(country)
         13      cities.append(city)
         14      sessions.append(session)
         15
         16
         17  location = pd.DataFrame()
         18  location["Country"] = countries
         19  location["City"] = cities
         20  location["Sessions"] = sessions

In [21]:  1  location
Out[21]:
          Country      City      Sessions
       0  (not set)    (not set)    2
       1  Albania      Tirana       1
       2  Algeria      (not set)    3
       3  Algeria      Oran         1
```

图 7.14　用 Google Analytics（分析）API 返回响应中的值构建 DataFrame

美国市场对我来说最重要，所以我可以用 Country 列对 DataFrame 进行排序。

```
market = location[location.Country=="United States"]
```

此外，我还想看看在这三天期间，来自哪个城市的会话是最多的。我将根据会话的数量对 market 数据进行排序。

```
market.sort_values(by="Sessions", ascending=False,inplace=True)
```

运行以上代码后，可能会出现一条提示，说你正试图将排序后的值保存到主 DataFrame 的一个切片中，如图 7.15 所示。这是因为我将 inplace 参数设置成 True，使得这些变化被保存到原来的对象上。

图 7.15　根据会话列的值对 DataFrame 进行排序

别担心，这只是个提示，并不是报错。为了得到发起会话数量最多的三个城市，我要对 market 这个 DataFrame 进行切片：

```
market.iloc[0:3]
```

我想，Google Analytics（分析）的案例应该让你学会了如何使用 Google API。使用所有其他 Google API 包也都需要同样的认证，获取 API 密钥的过程与本章前面部分中讲述的过程基本相同。

7.2　Twitter 机器人

Python 还可以用来为社交媒体和聊天生成机器人。本节中，我们将生成一个简单的 Twitter 机器人。它能用 Twitter 账号来发布推文。

第 7 章　Python 数字化营销

老实说，最近在 Twitter 上注册机器人并获取 API 密钥变得越来越难了。我只希望到本书出版时，Twitter 的认证过程还和我接下来描述的一样。

作为开发者，应该先查看以下网址中的 Twitter 开发者文档，开始注册 API：https://developer.twitter.com/en。此外，Twitter 还有一个开发者答疑博客，可以从中找到海量的实用信息，并得到与 Twitter 相关的任何问题的答案。

在开始编码之前，我们需要先将要创建的应用程序注册好，并在以下网址获取 API 密钥：https://developer.twitter.com/en/portal/dashboard。不过在这之前，你可能已经可以用自己的账号登录 Twitter 了。

现在，请按照下面的步骤获取 Twitter API 密钥。用 Twitter 账户登录到 Twitter 开发者门户。单击中间的按钮 Create Project（创建项目）按钮来启动一个新的应用程序。如果没有在个人资料中填写电话号码，Twitter 不会允许你创建应用程序。

为了获取 API 密钥，需要填写项目名称，并简要说明创建这个机器人的目的，如图 7.16 所示。

图 7.16　注册新的 Twitter

在回答完所有问题后，Twitter 会把 API 密钥、API 密码和 Bearer Tokens 提供给你。这就是我们的机器人获得 Twitter 登录凭据所需要的三个密钥。除了这些密钥以外，还需要生成访问令牌（Access Toke）和秘密令牌（Secret Token）。想生成令牌的话，请在左侧菜单的 Projects & Apps（项目和应用程序）下，单击应用程序的名称。

此后，就可以看到 App Details（应用程序详细信息）。向下滚动界面，并找到 App permissions（应用程序的权限）这部分。在 App permissions 部分中，单击 Edit（编辑）选项，切换到 Read and Write（读写）模式。想让机器人能发布推文的话，这一步骤是不可或缺的。在同一页顶部的 Keys and tokens（密钥和令牌）部分，可以生成访问令牌和秘密令牌。单击 Regenerate（再生成）按钮，将令牌存放到安全的地方，如图 7.17 所示。

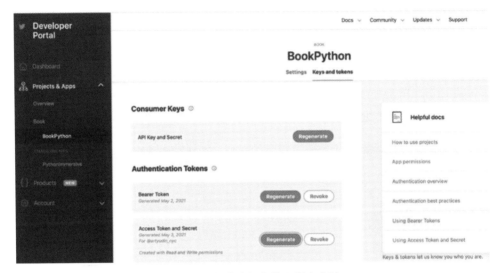

图 7.17　生成访问令牌和秘密令牌

得到所有 API 密钥和访问令牌后，就可以着手构建 Twitter 机器人了。

Twitter 有好几个 Python 库。我个人更偏爱 Tweepy，因为它很简约。如果以后希望构建比本书中涉及内容更复杂的程序，可以随时参考 Tweepy 的官方文档，网址为 https://docs.tweepy.org/en/latest/。

Tweepy 不是 Anaconda 的一部分，它需要单独安装。打开终端窗口，运行以下语句即可：

```
pip install tweepy
```

新建一个 Jupyter Notebook 文档，在其中导入 Tweepy 库，用它来发送推文：

```
import tweepy
```

下一步是定义 Twitter 提供给我们的 API 密钥和令牌：

```
API_KEY = 'Q88u0KvQK4f7fGfqO43SxVbcE'
API_SECRET = 'ahQk6VKzjuF5eucS6a6DJT3LubBqnBTj5JxT2BvBTaIDMkZhO'
ACCESS_TOKEN = '797271725629173762-3etBbFChCjbQFCYYKf9oq5HtvMqmha9'
SECRET_TOKEN = 'apXizrBPPE7TqqW7OAhnBx1DzetrUpqNbPS1PoRzTKjF'
```

首先，我们需要取得 Twitter 的认证。我们将把 API 密钥传入 Tweepy 的 OAuthHandler 和 set_access_token 方法中。使用这些 API 密钥和令牌后，就可以得到认证并与 Twitter 建立连接了：

```
auth = tweepy.OAuthHandler(CONSUMER_KEY, CONSUMER_SECRET)
auth.set_access_token(OAUTH_TOKEN, OAUTH_TOKEN_SECRET)
api = tweepy.API(auth)
```

我们的目标是生成并发送一条带有图片和配文的推文。将想使用的图片存储到 Jupyter 文件所在的目录下，如果已经知道图片的相对路径，也可以不用这么做。

现在，在 image_path 变量中定义要上传的文件的路径：

```
image_path = "/Users/programwithus/Chapter7/fortweeter.png"
```

在机器人得到认证后，我们就可以发布带有媒体文件的推文了。Tweepy 的一个特殊方法 update_with_media() 可以用来发布媒体文件并添加信息。官方文档中提到，太长的或是重复的信息将被忽略。信息需要和 status 关键字一起传入：

```
api.update_with_media(image_path, status="Python Rules! LearnPython")
```

推文如果成功发送，应该会看到图 7.18 中返回的包含一切细节的 Status 消息，并能在 Twitter 上看到已发布的推文，如图 7.19 所示。

```
In [1]: 1  import tweepy
        2
        3  # personal information
        4  API_KEY = 'CxqpRJp1ZnhAUvCtnAF9wq43R'
        5  API_SECRET = 'fXvoPjSdc12qUDJiBUfAAX3d20jDbaFH2sgzDCu51sP20lTivU'
        6  ACCESS_TOKEN = '1152666427645726720-lqGcuwXjfRDqsc5YLVde9uCsQqoRGg'
        7  SECRET_TOKEN = 'R7rAw3UzBMJVmRQdujXCVKj6hoiXKORpc4wGoTMvbXqsn'
        8
        9
       10  auth = tweepy.OAuthHandler(API_KEY, API_SECRET)
       11  auth.set_access_token(ACCESS_TOKEN, SECRET_TOKEN)
       12  api = tweepy.API(auth)
       13
       14  image_path = "/Users/programwithus/Chapter7/fortweeter.png"
       15  api.update_with_media(image_path, status="Python Rules! Learn Python")

Out[1]: Status(_api=<tweepy.api.API object at 0x7f968e484460>, _json={'created_at': 'Thu May 06 03:17:14 +0000 2021', 'id':
1390143593369772037, 'id_str': '1390143593369772037', 'text': 'Python Rules! Learn Python https://t.co/U5ZePKsqdz',
'truncated': False, 'entities': {'hashtags': [], 'symbols': [], 'user_mentions': [], 'urls': [], 'media': [{'id': 1
390143591503351808, 'id_str': '1390143591503351808', 'indices': [27, 50], 'media_url': 'http://pbs.twimg.com/media/
E0rIOy5X0AAkL4n.jpg', 'media_url_https': 'https://pbs.twimg.com/media/E0rIOy5X0AAkL4n.jpg', 'url': 'https://t.co/U5
ZePKsqdz', 'display_url': 'pic.twitter.com/U5ZePKsqdz', 'expanded_url': 'https://twitter.com/artyudin_nyc/status/13
90143593369772037/photo/1', 'type': 'photo', 'sizes': {'small': {'w': 680, 'h': 340, 'resize': 'fit'}, 'thumb': {'w
': 150, 'h': 150, 'resize': 'crop'}, 'medium': {'w': 1024, 'h': 512, 'resize': 'fit'}, 'large': {'w': 1024, 'h': 51
2, 'resize': 'fit'}}}]}, 'extended_entities': {'media': [{'id': 1390143591503351808, 'id_str': '1390143591503351808
', 'indices': [27, 50], 'media_url': 'http://pbs.twimg.com/media/E0rIOy5X0AAkL4n.jpg', 'media_url_https': 'https://
pbs.twimg.com/media/E0rIOy5X0AAkL4n.jpg', 'url': 'https://t.co/U5ZePKsqdz', 'display_url': 'pic.twitter.com/U5ZePKs
qdz', 'expanded_url': 'https://twitter.com/artyudin_nyc/status/1390143593369772037/photo/1', 'type': 'photo', 'size
s': {'small': {'w': 680, 'h': 340, 'resize': 'fit'}, 'thumb': {'w': 150, 'h': 150, 'resize': 'crop'}, 'medium': {'w
': 1024, 'h': 512, 'resize': 'fit'}, 'large': {'w': 1024, 'h': 512, 'resize': 'fit'}}}]}, 'source': '<a href="https
://help.twitter.com/en/using-twitter/how-to-tweet#source-labels" rel="nofollow">BookPython</a>', 'in_reply_to_statu
```

图 7.18　用媒体文件自动发送推文

图 7.19　由 Tweepy 库发送的推文

如果想在 Twitter 上开展营销活动并每天发送推文，需要把推文内容存储到某个地方。显而易见，最好的选择是将写好的文本和准备好的图片存入数据库中。Python

兼容任何类型的关系型数据库。其中最简单好用的是 Sqlite3 数据库。Sqlite3 模块自带标准的 Python 发行版。

如果不太了解关系型数据库，也可以选择使用简单的文档或是 CSV 文件。Tweepy 可以读取文件中的内容文本和图片链接，并将其推送到网上。把要发布的信息保存在列表组成的列表中，然后在 for 循环中运行前面创建的代码，即可进行处理。

7.3 用 Python 进行电子邮件营销

用 Python 来发送电子邮件实在是太简单了。Python 的 Email 和 Smtplib 都可以用来编写和发送邮件。以下网址中的文档详细介绍了模块的用法：https://docs.python.org/3/library/email.examples.html。Smtplib 包可以用来模拟服务器，并用它发送电子邮件。

无论用起来有多么简单，我还是觉得这种办法并不是特别适合用来做营销。特别是当你想给 10 000 甚至 100 000 个收件人发送邮件时。我建议营销人员选择使用 Mailgun 服务。有了 Mailgun，就能使用自己的 Python 代码和分析面板。

Mailgun 提供 Python API，可以很简单地集成到网络应用或是用于 Python 脚本中。即使是 Python 初学者，也能轻松使用 Mailgun 的 API。此外，Mailgun 服务允许使用 HTML 模板，还能提供对电子邮件营销活动的效果分析。

如果你眼下正在使用其中一种电子邮件营销服务，请务必比较一下价格，看看转用 Mailgun 是否合适。本书中，我们将使用 Mailgun 的免费试用版。

任何营销专家都知道，品牌效应是取得客户信任的关键。现在的人不会随便点开一封来历不明的电子邮件。除非邮件有很可靠的来源或明确显示了发件人，否则潜在客户根本不会点开邮件进行查阅。Mailgun 提供了一个添加域名的选项，让电子邮件看起来很专业。虽只是为了测试而没有必要特地添加域名，但 Mailgun 提供了一个沙盒域名。为了展示这个过程，我将把自己的域名设置为 artyudin.com。如果想跟着我一步步地写代码，但手头又没有域名，可以在 godaddy.com或namecheap.com 购买域名，每年只需要 1 美元。

在浏览器中打开 www.mailgun.com/，免费注册一个账号，以获取 API 密钥。注册完成后，登录账号，就可以看到控制面板了。单击左侧菜单中的 sending（发送）选项。在下拉菜单中选择 domains（域名）选项。如果想添加一个现有的域名，请单击左上角的 Add New Domain（添加新域名）。如果只是想试用一下 Mailgun 的话，可以直接使用 Mailgun 默认提供的沙盒域名。使用沙盒域名的主要不足在于，Mailgun 只允许向授权的收件人发送邮件。这意味着你需要向收件人发送邀请，请求他们同意接收来自 Mailgun 服务器的电子邮件。

在单击了添加新域名按钮后，可以看到一个文本框，要求你输入域名。在单击 Add Domain（添加域名）之前，请选择美国或欧盟中的一个地区作为域名的发端。下一步是设置域名并验证它的归属。

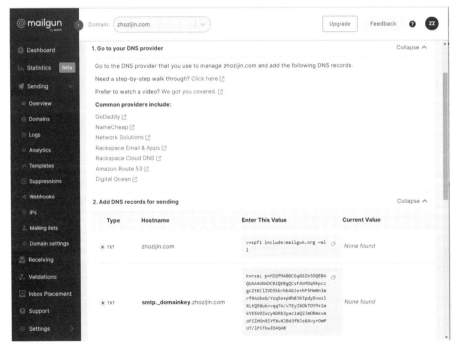

图 7.20　向 Mailgun 服务器添加一个域名

我知道这些 DNS 设置（如图 7.20 所示）看上去复杂难懂。但在同一页中，可以找到一个教程视频和所有主要域名卖家和提供商的分步说明。你只需要登录到域名提供商的网站，管理域名的 DNS 即可。在 DNS 记录中，按照 Mailgun 的指南来添加 TXT 和 MX 记录。复制 Mailgun 网页上的数值并将其粘贴到域名的 DNS 记录中即可。

为了确保设置是正确的，请单击 Verify DNS Settings（验证 DNS 设置），如果看到 DNS Types 旁边有绿色标记，就说明一切很顺利，已经可以开始发送邮件了，如图 7.21 所示。要是有些地方出了问题，显示红色或黄色的标记，请重新观看教学视频，然后再试一次。

图 7.21　添加的域名已被验证成功

Mailgun 的运作方式和普通 API 一样，也需要用 Requests 库来向服务器发送信息和一个用作凭据的 API 密钥。打开 Mailgun 控制面板，从左侧菜单中选择 Settings（设置），然后，单击下拉菜单中的 API Keys。另外，在个人设置中找到 API 密钥，如图 7.22 所示。

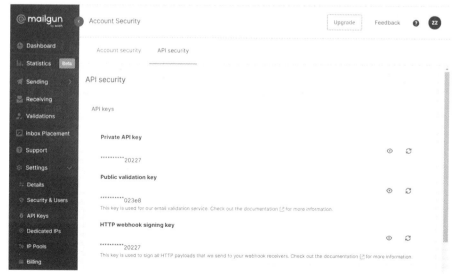

图 7.22　Mailgun 的 API 密钥

现在，为了发送电子邮件，请新建一个 Jupyter Notebook 文件并在文件的开始处导入 Requests 库：

```
import requests
```

和前面的 API 案例一样，定义 API_KEY 变量用于保存 API 密钥，再定义一个 DOMAIN 变量用于保存域名。

```
API_KEY = "9514cb771d5da80eb6"
DOMAIN = "artyudin.com"
```

Requests 库有与 get()、post()、put() 和 delete() 这些主要的 HTTP 方法匹配的函数。get() 方法的作用是发送从服务器中获取数据的请求，post() 方法则负责将数据传送到服务器上。由于我们这次是想传递信息，所以选择使用的是 post() 方法。

我们将需要向 post() 方法传递一些参数。为明确起见，我将把它分解开，分别定义每个信息部分。

首先，Requests 的 post() 方法需要获得我们试图访问的 HTTP 地址。我们将把地址定义为 url 变量，并使用 Mailgun 官方文档中的模板。

我们的目标是与许多潜在的客户进行联系，所以我将把收件人设置为一个电子邮件地址列表。在实际工作场景中，你可能会从一个文件或数据库中获取邮件地址和名字。无论怎样，都需要以 Python 列表的形式提供所有电子邮件：

```
recipients = ["anna@example.com", "sherlock@example.com"]
```

我把设置主题作为 subject_matter 变量：

```
subject_matter = "Hello there"
```

我把邮件信息作为一个字符串赋给 message 变量：

```
message = "I am sending this email with Python!"
```

最后，我在 sender 中定义邮件的发件人。如果没有添加域名，那么就必须使用经过验证的电子邮件地址。

我们将在 post() 方法中传递 url、auth（凭据）和 data（信息）。我们需要将 auth 元组中的凭据设置为 API_KEY：

```
auth=("api", API_KEY)
```

data 关键字参数将包含我们之前定义的所有信息：

```
data = {"from": sender, "to": recipients, "subject": subject_matter,
"text": message}
```

完整的 post() 请求方法如下所示：

```
requests.post(
    url,
    auth=("api", API_KEY),
    data={"from": sender,
        "to": recipients,
        "subject": subject_matter,
    "text": message}
)
```

每次向服务器发送请求时，Requests 包都会返回一个代号。介于 200 到 300 之间的任何代号都意味着操作已成功完成。如果代码是 400，请检查代码。可能是漏掉了一个括号，也可能是提供了错误的 API 或域名。

在我们的例子中，返回的代号是 200，如图 7.23 所示。既然邮件已经成功发送，那就肯定能在邮箱中找到。

```
In [1]: import requests

In [2]: API_KEY = "9514771d5da80eb6"
        DOMAIN = "artyudin.com"

In [3]: url = "https://api.mailgun.net/v3/{}/messages".format(DOMAIN)
        recipients = ["anna@example.com", "sherlock@example.com"]
        subject_matter = "Hello there"
        message = "I am sending this email with Python!"
        sender = "Art Yudin <art@artyudin.com>"

In [4]: requests.post(
            url,
            auth=("api", API_KEY),
            data={"from": sender,
                "to": recipients,
                "subject": subject_matter,
                "text": message}
            )

Out[4]: <Response [200]>
```

图 7.23　用 Python 成功发送一封邮件

如你所见，Mailgun API 的使用过程一点儿也不复杂。通过把 API 包装到 Python 脚本中，就可以在发送邮件的同时灵活地添加一些其他的任务，比如安排电子邮件营销活动或从网上抓取数据，然后，用电子邮件发送这些信息。无论在什么情况下，都可以使用 Python 和 Mailguns 服务来进行更多的自动化操作。我们的目的是用 Python 来自化处理繁琐的营销工作。

建议把这一章看作是学习用 Python 编程语言进行营销的起点。所有大公司都提供许多实用的 API 来更快速高效地完成工作。我相信，通过前面的讲解，你现在已经对如何用 Requests 库从 API 检索信息以及如何用 Python 来处理收到的数据有了深刻的理解。